Hubers Kombüse

Hubers Kombüse

Heino Huber

Auf dem Schiff geht viel mehr, als man denkt.

IN-HALT

Knackig und frisch

Einfach zwischendurch

Herzhaft und erwärmend

Hauptsachen

Süßes Finale

Beste Reste

Ein Achtjähriger und sein Traum vom Zweirumpf-segelboot

Viele Leidenschaften entwickeln sich erst im Erwachsenenalter, mit anderen kommt man von klein auf in Berührung und sie bleiben ein Leben lang. Dem Segeln begegnete ich zum ersten Mal mit acht Jahren. Mein Onkel baute sich damals eine Renn-Motte und ich durfte ihm dabei helfen. Das Schwert war aus Aluminiumblech und bei der ersten Probefahrt auf dem Bodensee kam die Motte so schnell ins Gleiten, dass mich das Segeln sofort in den Bann zog. Besonders eindrucksvoll war das singende Geräusch, verursacht vom Schwert, das durch die Geschwindigkeit zu vibrieren begann. Von diesem Moment an war ich jedes Wochenende auf dem See zu finden. Vier bis fünf Stunden verbrachte ich auf dem Wasser und kehrte erst ans Ufer zurück, wenn der Wind nachließ oder mir der Magen knurrte. Als hochgeschossener, schlanker Junge war ich mit dieser doch sehr speziellen Jolle (damals noch ohne foils) sehr schnell. Wenn jedoch ein Tornado an mir vorbeizischte, dann wusste ich: Da geht noch mehr. Dieses Bild hat mich nie mehr losgelassen.

Auch während meiner Schulzeit in Salzburg trieb es mich an die Seen der Umgebung. Gut, dass es am Wallersee und am Wolfgangsee die Möglich-keit gab, Leihboote zu mieten! In dieser Zeit erlebte meine Ausbildung zum Gastronomen und Koch ihren offiziellen Start. Schon als Bub hatte ich meiner Mutter gern beim Kochen zugesehen. Kochen und gutem Essen kam in unse-rer Familie ein sehr hoher Stellenwert zu. Meine Großmutter väterlicherseits war eine hervorragende Köchin aus dem Schwabenland. Wahrscheinlich war sie verantwortlich für das „Huber'sche Kochgen", das 1984 meinen Vater zum Koch des Jahres in Österreich machte, und so nahmen die Dinge ihren Lauf. Nach meiner Matura 1982 bot sich mir die Möglichkeit, bei den Besten in Europa lernen zu dürfen. Dazwischen zog es mich immer wieder zurück in die Heimat. Dort konnte ich das Gelernte nicht nur anwenden, sondern im Austausch mit meinem Vater auch weiterentwickeln. Unsere Zusammenarbeit trug Früchte. 1988 waren wir gemeinsam das am höchsten bewertete Restaurant Österreichs mit erstmals 18 Punkten im Gault&Millau.

Während meiner beruflichen Wanderjahre in München, Paris und Venedig und dem folgenden beruflichen Gipfelsturm musste die Leidenschaft Segeln eine Pause einlegen. Eingespannt in den beruflichen Alltag und voller Leidenschaft auf der Suche nach immer neuen kulinarischen Entdeckungen, war ich vor allem in der Küche und weniger auf dem Wasser anzutreffen. Es folgte eine Zeit der intensiven Auseinandersetzung mit dem Thema Kochen. Meine Faszination für diesen Beruf, der einen vielfältigen Bogen spannt von der schlichten Notwendigkeit bis hin zur kunstvollen Profession, wurde mit dem Wissen darüber immer größer. Ich bin dankbar, dass ich so viel lernen durfte, und halte es mit Arrigo Cipriani, der mir in mein Tagebuch schrieb: „Ein Lernender einem Lernenden". Er war damals 76 Jahre alt. Seitdem ist mir klar, dass in diesem Beruf das Lernen nie ein Ende hat.

Mit dem Segeln kam ich durch meinen Schwager Thomas wieder in Kontakt. Er, begeisterter Segler, suchte damals eine Mitseglerin und fand diese in meiner jüngeren Schwester Christiane, die später seine Ehefrau wurde. Als das von ihm bestellte Boot nicht geliefert werden konnte und er vor der Erkenntnis stand, einen ganzen Sommer aufs Segeln verzichten zu müssen, entschieden wir uns kurzerhand, gemeinsam einen gebrauchten Tornado zu kaufen. Später bekam ich durch einen Zufall die Gelegenheit, einen Marström-Tornado mit Originaleinstellungen von Roland Gaebler und Gunnar Struckmann zu erwerben. Die beiden gewannen zusammen die Deutsche Meisterschaft, das Volvo Champions Race sowie die Kieler Woche. Mit diesem Boot erfüllte sich für mich ein Traum. Der Rausch der Geschwindigkeit zog mich völlig in seinen Bann. Schon ab 4 bis 5 Windstärken hatte ich das Gefühl zu fliegen. Meinen Mitseglern ging es nicht anders.

Segeln bedeutet für mich heute noch dasselbe wie damals als Achtjähriger: Freiheit. Wer einmal diese kraftvolle, geschmeidige Bewegung, angetrieben vom Wind, erlebt hat, den lässt diese Erfahrung nie mehr los. Segeln kann vieles, es kann sowohl herausfordernd als auch total gemütlich und verträumt sein.

Heute sind meine zwei größten Leidenschaften seit langem miteinander verknüpft. Gutes Essen spielt auf unseren Segeltörns immer eine wichtige Rolle. Wenn einmal kein Wind ist, wird gekocht, ein gutes Glas Wein getrunken und wir lassen entspannt die Seele baumeln. Fremde Länder, Sitten und Gebräuche kennenzulernen, Kraft und Inspiration zu finden – auch dafür steht für mich Segeln.

Wer auf dem Boot kulinarisch auf nichts verzichten will, der braucht vor allem eine gute Organisation und ein optimales Ressourcenmanagement. Was nehme ich mit? Was gibt es vor Ort auf den Märkten zu kaufen? Schon das Einräumen des Kühlschranks ist eine kleine Herausforderung. Doch es lohnt: Ausgestattet mit zwei Flammen und einem Backrohr kann man auch auf einem Boot fast so kochen wie zuhause. Das will ich mit diesem Buch zeigen. Die Rezepte sind auf die Möglichkeiten an Bord und die gängigsten Zutaten, die an Land erhältlich sind, ausgelegt. Scheuen Sie sich nicht, Ihrem Gaumen auch auf dem Wasser etwas Feines zu bieten. Denn was gibt es Schöneres, als sich nach einem herausfordernden Segeltag in einer verträumten Bucht an einer herrlichen Fischsuppe mit geröstetem Weißbrot und einem frischen Glas Wein zu erfreuen?

Auf dem Boot ist kulinarisch viel mehr möglich, als man denkt. Finden Sie es heraus und genießen Sie es!

Ihr Heino Huber

DER EIN- KAUF

Die Vorbereitung eines Segel-Urlaubes ist für viele schon das halbe Vergnügen. Die Auswahl der Route, das Chartern des Schiffes oder, wenn man eine eigene Yacht hat, die notwendigen Vorkehrungen zu treffen, der Fantasie Raum zu geben und sich die unterschiedlichsten Situationen, Orte, Erlebnisse auszumalen – das macht Segeln ja gerade aus.

Für mich ist ein Segeltörn dann so richtig rundum gelungen, wenn er auch zum kulinarischen Erlebnis wird. Selber Kochen an Bord bietet die Möglichkeit, die schönsten Tage des Jahres auch in kulinarischer Hinsicht vergnüglich und genussvoll zu gestalten. Damit das mühelos gelingt, sind ein paar Vorbereitungen hilfreich. Es beginnt mit den Überlegungen: Wie oft gehe ich essen und wie oft koche ich selbst? Was muss ich mitnehmen an Handwerkszeug? Welche Zutaten sollten in Form eines „Basislagers" während des gesamten Urlaubs zur Verfügung stehen (s. S. 16/17)?

Die Grundzutaten werden durch den tagesaktuellen Einkauf ergänzt – das ermöglicht euch kreatives Arbeiten. Die Sicherheit, die wichtigsten Gewürze, Kräuter und, ganz wichtig, auch ein entsprechendes Trockenlager zur Verfügung zu haben, gibt euch die Freiheit, auf dem Markt je nach Angebot frische Zutaten einzukaufen und in Kombination mit dem Basislager zu herrlichen Gerichten zu verarbeiten.

Das auf S. 16/17 aufgeführte Sortiment ist von meinen persönlichen Vorlieben

Eine Liste von Produkten, die beim Segeln häufig auf Märkten frisch und in sehr guter Qualität anzutreffen sind, findet ihr auf S. 18 ff. Wenn ihr eines dieser Produkte kauft, könnt ihr mit Hilfe des Basislagers praktisch jedes Rezept aus diesem Buch kochen. Das kann in der Praxis so aussehen: Ihr fotografiert die Checklisten, speichert sie auf dem Handy und prüft beim Markteinkauf ganz gemütlich vor Ort, ob beispielsweise für den ausgesuchten Fisch ein Rezept vorhanden ist.

In guten Marina-Shops findet man teilweise auch frische Zutaten. Auch wenn dort die Auswahl und gar nicht selten auch die Qualität eher durchschnittlich sind, bieten sie eine Möglichkeit, das Basislager zu ergänzen und wieder auf „Stand" zu bringen.

geprägt und entsprechend adaptierbar. Wer Vanille nicht mag, aber gerne eine asiatische Note in seine Gerichte bringen möchte, tauscht das eine oder andere Produkt aus. Ziel ist, dass das Basislager insgesamt übersichtlich bleibt. Diese grundsätzliche Überlegung möchte ich euch übrigens auch fürs Kochen zuhause ans Herz legen.

Wichtig ist auch, das Basislager regelmäßig aufzufüllen. Wenn sich gegen Ende des Törns einige Zutaten dem Ende zuneigen, ist das gut so. Grundsätzlich sollten alle Produkte aber stets verfügbar sein.

AUSSTATTUNG

Was braucht man, um in der Kombüse gut arbeiten zu können? Die Liste der wichtigsten Handwerkszeuge zeigt euch auf einen Blick, was an Bord vorhanden sein sollte, damit der Segel-Urlaub auch zum kulinarischen Genuss wird.

- ☐ Wasserkocher
- ☐ Mixer oder Küchenmaschine
- ☐ Bamix (Pürierstab mit Zubehör)
- ☐ Toaster
- ☐ kleine digitale Waage
- ☐ Bunsenbrenner inkl. Nachfüllgas

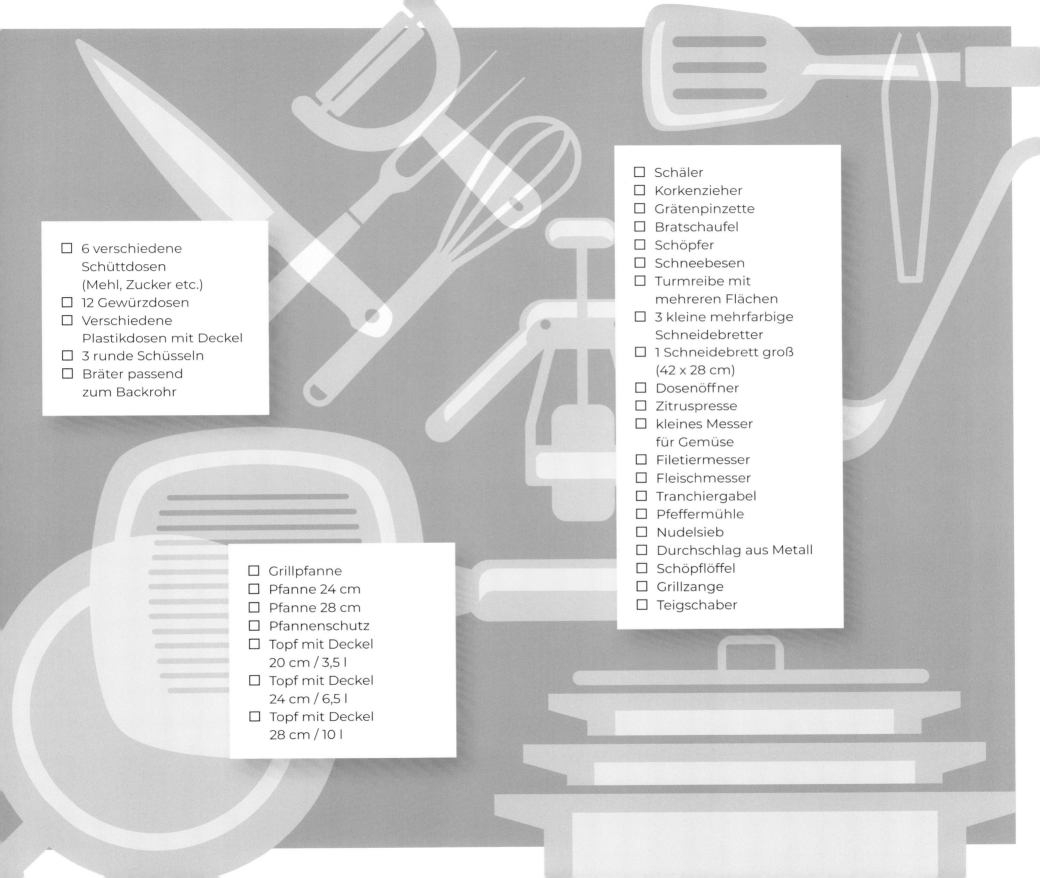

- ☐ 6 verschiedene Schüttdosen (Mehl, Zucker etc.)
- ☐ 12 Gewürzdosen
- ☐ Verschiedene Plastikdosen mit Deckel
- ☐ 3 runde Schüsseln
- ☐ Bräter passend zum Backrohr

- ☐ Schäler
- ☐ Korkenzieher
- ☐ Grätenpinzette
- ☐ Bratschaufel
- ☐ Schöpfer
- ☐ Schneebesen
- ☐ Turmreibe mit mehreren Flächen
- ☐ 3 kleine mehrfarbige Schneidebretter
- ☐ 1 Schneidebrett groß (42 x 28 cm)
- ☐ Dosenöffner
- ☐ Zitruspresse
- ☐ kleines Messer für Gemüse
- ☐ Filetiermesser
- ☐ Fleischmesser
- ☐ Tranchiergabel
- ☐ Pfeffermühle
- ☐ Nudelsieb
- ☐ Durchschlag aus Metall
- ☐ Schöpflöffel
- ☐ Grillzange
- ☐ Teigschaber

- ☐ Grillpfanne
- ☐ Pfanne 24 cm
- ☐ Pfanne 28 cm
- ☐ Pfannenschutz
- ☐ Topf mit Deckel 20 cm / 3,5 l
- ☐ Topf mit Deckel 24 cm / 6,5 l
- ☐ Topf mit Deckel 28 cm / 10 l

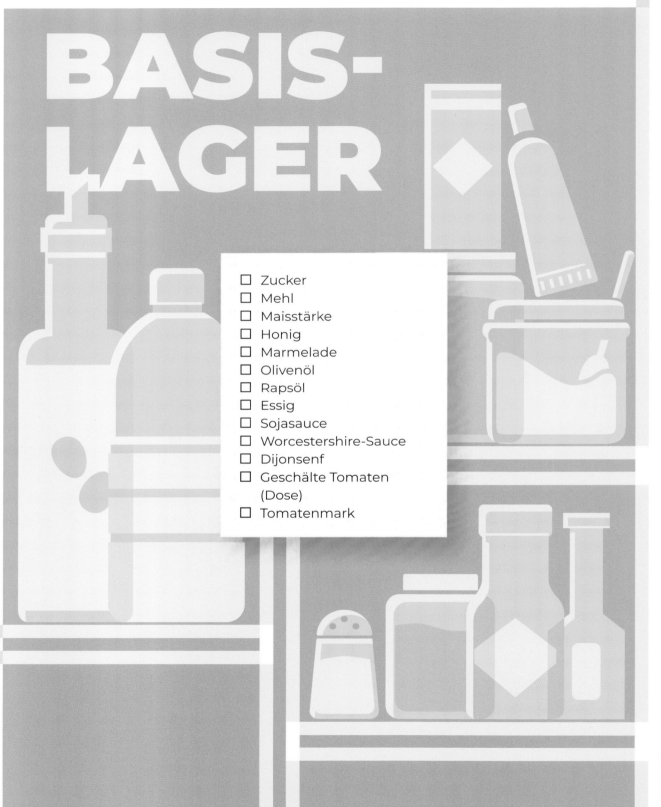

BASIS-LAGER

- ☐ Zucker
- ☐ Mehl
- ☐ Maisstärke
- ☐ Honig
- ☐ Marmelade
- ☐ Olivenöl
- ☐ Rapsöl
- ☐ Essig
- ☐ Sojasauce
- ☐ Worcestershire-Sauce
- ☐ Dijonsenf
- ☐ Geschälte Tomaten (Dose)
- ☐ Tomatenmark

- ☐ Chili
- ☐ Curry
- ☐ Kreuzkümmel
- ☐ Lorbeer
- ☐ Meersalz, grob
- ☐ Muskat
- ☐ Paprika
- ☐ Pfeffer
- ☐ Provence-Kräuter
- ☐ Safran
- ☐ Salz
- ☐ Wacholder

Das Basislager umfasst Zutaten, die während des gesamten Törns verfügbar sind, sodass man jederzeit schnell ein hochwertiges Gericht zaubern oder mit frisch gekauften ergänzenden Zutaten eine Vielzahl unterschiedlicher Rezepte kochen kann.

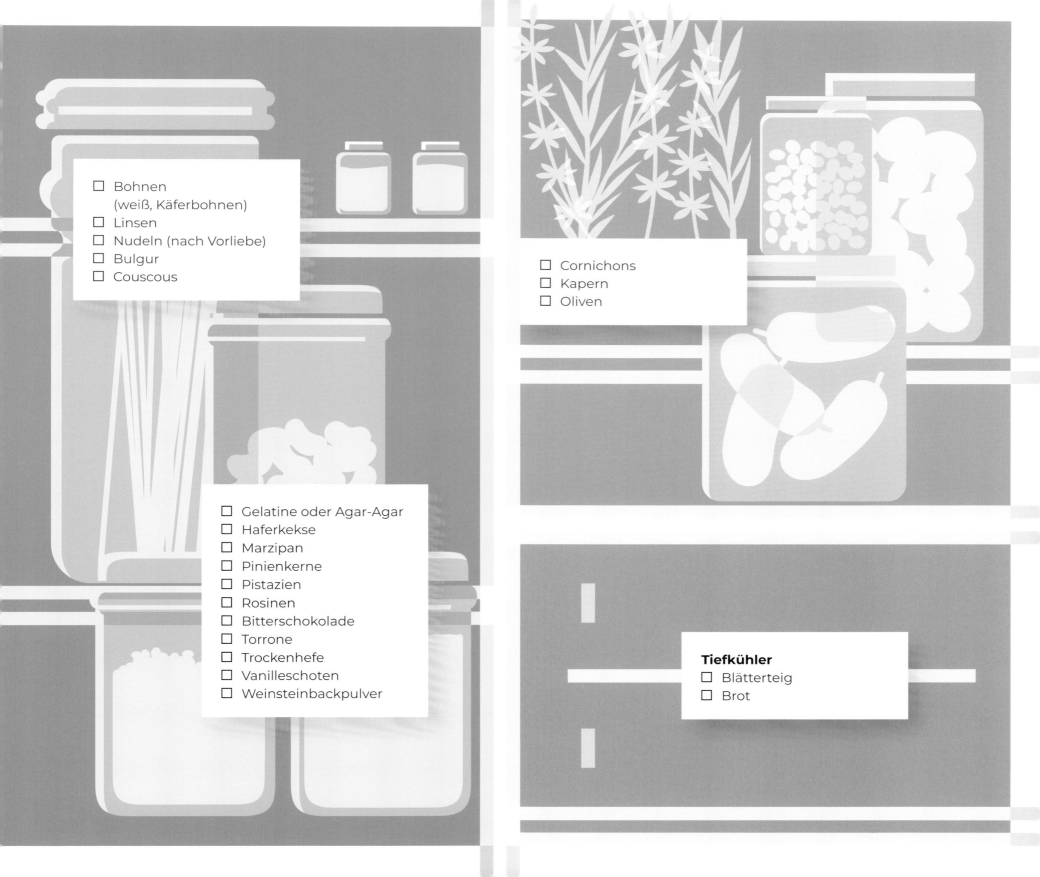

- [ ] Bohnen
      (weiß, Käferbohnen)
- [ ] Linsen
- [ ] Nudeln (nach Vorliebe)
- [ ] Bulgur
- [ ] Couscous

- [ ] Gelatine oder Agar-Agar
- [ ] Haferkekse
- [ ] Marzipan
- [ ] Pinienkerne
- [ ] Pistazien
- [ ] Rosinen
- [ ] Bitterschokolade
- [ ] Torrone
- [ ] Trockenhefe
- [ ] Vanilleschoten
- [ ] Weinsteinbackpulver

- [ ] Cornichons
- [ ] Kapern
- [ ] Oliven

Tiefkühler
- [ ] Blätterteig
- [ ] Brot

EINKAUF AUF DEM

Auf mediterranen Märkten einzukaufen ist eine wunderbare Inspirationsquelle, von sonnengereiftem Obst und Gemüse über fangfrischen Fisch bis zu regionalen Fleisch- und Wurst-Spezialitäten. Hier eine Übersicht über Produkte, für die sich im Buch Rezepte finden.

Meeresfrüchte
- ☐ Calamari
- ☐ Cozze
- ☐ Gamberi rossi
- ☐ Hummer
- ☐ Kaisergranat
- ☐ Languste
- ☐ Pulpo
- ☐ Vongole
- ☐ Wildfang-Garnelen

Tiefkühler
- ☐ Shrimps/Garnelen

Fisch
- ☐ Bacalao/Stockfisch
- ☐ Doraden
- ☐ Makrelen
- ☐ Rotbarben
- ☐ Sardellen
- ☐ Sardinen
- ☐ Seeteufel
- ☐ Seezungen
- ☐ St. Petersfisch
- ☐ Thunfisch
- ☐ Wolfsbarsch

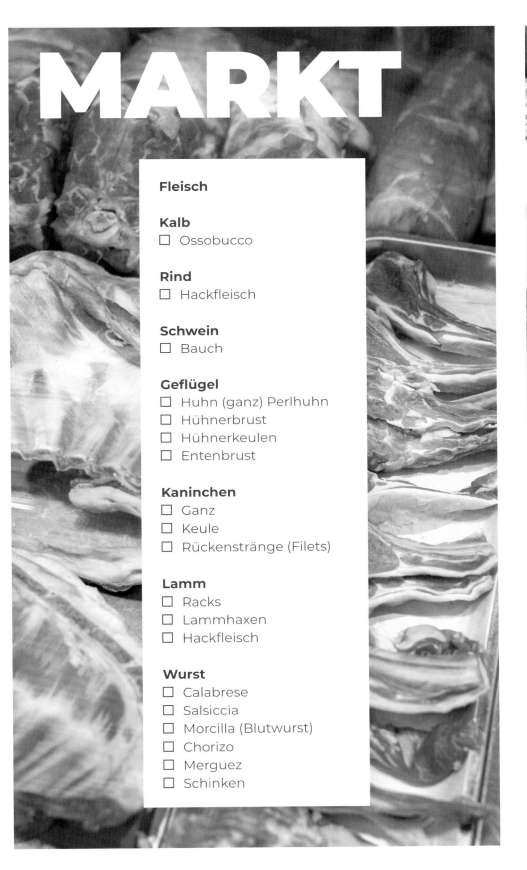

MARKT

Fleisch

Kalb
☐ Ossobucco

Rind
☐ Hackfleisch

Schwein
☐ Bauch

Geflügel
☐ Huhn (ganz) Perlhuhn
☐ Hühnerbrust
☐ Hühnerkeulen
☐ Entenbrust

Kaninchen
☐ Ganz
☐ Keule
☐ Rückenstränge (Filets)

Lamm
☐ Racks
☐ Lammhaxen
☐ Hackfleisch

Wurst
☐ Calabrese
☐ Salsiccia
☐ Morcilla (Blutwurst)
☐ Chorizo
☐ Merguez
☐ Schinken

Milchpr./Käse/Eier
☐ Blauschimmelkäse
☐ Crème fraîche
☐ Feta
☐ Frischkäse
☐ Joghurt
☐ Mascarpone
☐ Milch
☐ Parmesan
☐ Provolone
☐ Ricotta
☐ Sahne
☐ Ziegenkäse
☐ Eier

Tiefkühler
☐ Butter

frische Kräuter

- ☐ Basilikum
- ☐ Kerbel
- ☐ Minze
- ☐ Petersilie
- ☐ Rosmarin
- ☐ Salbei
- ☐ Thymian

Gemüse

- ☐ Artischocken
- ☐ Auberginen
- ☐ Avocados
- ☐ Erbsen
- ☐ Fenchel
- ☐ Frühlingszwiebeln
- ☐ Karotten
- ☐ Kartoffeln
- ☐ Knoblauch
- ☐ Kürbis
- ☐ Lauch
- ☐ Mangold
- ☐ Paprika
- ☐ Pilze
- ☐ Puffbohnen
- ☐ Rote Rüben
- ☐ Spargel
- ☐ Spinat
- ☐ Staudensellerie
- ☐ Tomaten
- ☐ Zicchorien (Wegwarte)
- ☐ Zucchini
- ☐ Zwiebeln, rot
- ☐ Zwiebeln

Salate
- ☐ Lollo
- ☐ Radicchio
- ☐ Romano
- ☐ Rucola

Obst
- ☐ Ananas
- ☐ Äpfel
- ☐ Aprikosen, getrocknet
- ☐ Bananen
- ☐ Beeren
- ☐ Birnen
- ☐ Feigen
- ☐ Granatäpfel
- ☐ Grapefruit
- ☐ Limetten
- ☐ Mango
- ☐ Melonen
- ☐ Orangen
- ☐ Rhabarber
- ☐ Zitronen
- ☐ Zwergorangen

ZEHN PRAK- TISCHE KÜCHEN- TIPPS AN BORD

1

Verwendet zum Servieren Teller mit leicht erhöhtem Rand oder eher „schüsselartige" Teller. Das Schiff ist immer in Bewegung und jeder kennt das Problem – wenn der Teller schief gehalten wird, tropft schnell die Sauce auf den Boden.

2

An Deck serviere ich gerne in großen Schüsseln und gebe einen Stapel eher kleinere Teller dazu. So ist rasch aufgetischt und man muss nicht zu oft aus der Pantry nach oben reichen.

5

Backzutaten wie Trockenhefe, Vanillezucker, Backpulver, Gelatine etc. gebe ich in eine Box mit Deckel. So muss ich mir nicht immer alles zusammensuchen.

6

Wenn ein Tiefkühler an Bord vorhanden ist, nehme ich zusätzlich Butter, Blätterteig und ein paar Garnelen mit. Außerdem verwende ich ihn, um Fonds, Fleisch- oder Fischstücke, die während des Kochens anfallen und später verwendet werden können, aufzubewahren. Das ist ein wichtiger Punkt für mein Ressourcen-Management.

7

An Bord solltet ihr eure Einkäufe sofort versorgen. Mehl, Zucker und Gewürze umfüllen, alle Lebensmittel von unnötigen Verpackungen befreien und so viel wie möglich noch im Hafen entsorgen.

8

Schubladen mit Antirutschmatten auszulegen verhindert Geräusche bei Lage und Welle.

9

Sammelt Butterreste im Tiefkühler. Sobald eine größere Menge (200–300 g) zusammengekommen sind, lohnt es sich, sie zu Butterschmalz auszukochen. Aber Vorsicht, wenn fast alles Wasser aus der Butter gekocht wurde, beginnt es zu schäumen und kocht gerne über. Also einen großen Topf verwenden und gut beobachten.

10

Da die meisten Kühlschränke an Bord kein separates Gemüsefach haben, nehme ich eine passende Box mit Deckel mit. Darin bleibt das Gemüse länger topfrisch und die Box hilft auch, die Übersicht im Kühlschrank zu bewahren.

Nicht jedes Gemüse oder Obst muss in den Kühlschrank. Bei Platzmangel richte ich immer eine Schale mit Zwiebeln, Knoblauch und Zitrusfrüchten. Aber auch Karotten, Artischocken, Auberginen und Zucchini halten einige Tage ungekühlt.

3

Wenn ihr auf den Fischmarkt geht, nehmt eine Kühltasche mit. So bleiben die Einkäufe frisch, auch wenn man sich unterwegs noch einen Espresso gönnt, und man vermeidet unnötigen Plastikmüll.

4

Sucht euch einen Durchschlag oder ein Plastiksieb, das genau in eines der Waschbecken passt. Darin könnt ihr Abfälle vom Kochen und Speisereste beim Abwaschen sammeln und ruck, zuck entsorgen.

LEINEN LOS!

Alles gut vorbereitet? Dann kann es losgehen! Bei dem Segeltörn, den wir für dieses Buch unternommen haben (mehr dazu auf S. 194 ff.), starteten wir mit frühem Auslaufen im morgendlich verträumten Ponza. Feine Omelette mit Gemüse, Salat und Parmesan sowie Spiegeleier mit Zwiebeln, Grünspargel und Tomaten legten die Basis für einen wunderbaren, langen Tag auf dem Wasser.

Auf dem Schiff ist es immer ungewiss, wann genau die nächste Mahlzeit möglich ist. Und da der Appetit an der frischen Luft noch größer ist, liebe ich ein kräftiges Frühstück. Dabei darf eine Omelette oder, wie die Italiener sagen, „Frittata" nicht fehlen. Ob Schinken, Zwiebeln, Speck oder feines Gemüse – es gibt herrliche Möglichkeiten.

Ein paar Tropfen Olivenöl und etwas geriebener Parmesan machen das Geschmackserlebnis perfekt.

Knackig und frisch

Romanosalatherzen mit gegrillter Wassermelone und Labneh

ZUTATEN

Für das Labneh:

1 Becher Naturjoghurt

½ TL Salz

1 EL Pistazien

Für den Salat:

6 Baby-Romanosalatherzen

30 ml Basis-Dressing (S. 186)

Für die Melone:

1 kl. Wassermelone

2 EL Olivenöl

Saft von einer Limette

Meersalz

rosa Pfeffer

2 EL geröstete Pinienkerne

1 Granatapfel

Zubereitung

Die Zubereitung von Labneh ist denkbar einfach: Joghurt leicht salzen und im Kühlschrank in einem Tuch 1–2 Tage abtropfen lassen. Je trockener er ist, desto fester wird er. Nach 2 Tagen ist er bereits so fest, dass man kleine Kugeln formen kann. Diese können dann in geröstetem Sesam, Kräutern oder, wie hier im Rezept, in gehackten Pistazien gewälzt werden.

Salatherzen waschen und gut abtropfen. Die Melone halbieren und in große, ca. 1,5 cm dicke Scheiben schneiden. Schälen und sichtbare Kerne so gut es geht entfernen. Die Stücke trocken tupfen, mit Olivenöl einpinseln und in der Grillpfanne braten. Mit Limettensaft und Olivenöl beträufeln und mit mit etwas Meersalz zerstoßenem rosa Pfeffer würzen.

Salatherzen je nach Größe halbieren oder vierteln, vom Strunk nur so viel abschneiden, dass die Spalten durch ihn noch zusammengehalten werden. Salat mit Basisdressing marinieren. Mit gerösteten Pinienkernen garnieren und zusammen mit Granatapfelkernen und Labneh servieren.

Avocado-Grapefruit-Salat

6–8 PORTIONEN

ZUTATEN

2 schöne, reife, aber feste Avocados
Saft von einer halben Zitrone
1 kl. rote Chilischote (je nach Schärfe)
2 rosa Grapefruits
50 ml natives Olivenöl
2 Chicorée (weiß oder rot, alternativ
Romanosalatherzen)
1 Bd. Koriander, Basilikum oder
Blattpetersilie
1 TL mildes Sesamöl
etwas frisch geriebener Ingwer
evtl. Fleur de Sel
20 mittelgroße fangfrische Scampi
(Kaisergranat)

Zubereitung

Avocados schälen und in hübsche Spalten schneiden, mit Zitronensaft beträufeln und kaltstellen. Chili halbieren und entkernen, Grapefruits mit einem scharfen Messer so abschälen, dass die weiße Haut komplett entfernt wird. Dann die Filets zwischen den Trennhäutchen herausschneiden. Die Chicoréeblätter ablösen, waschen und in hübsche Streifen schneiden. Alles mit Olivenöl vermischen und mit Koriandergrün, Sesamöl und Ingwer verfeinern. Ich brauche bei diesem Salat kein Salz, wenn doch, dann lediglich ein wenig Fleur de Sel.

Schwänze der Scampi vorsichtig ausbrechen und das rohe Scampifleisch unter den Salat mischen. Das milde leicht nussige Aroma liebe ich.

Ich lasse immer den Stein im Avocadosalat, irgendwie „glaubt" die Avocado dann, sie sei noch intakt, und das Fruchtfleisch bleibt länger saftig grün. Klingt komisch – ist aber so!

Für Scampi Crudo (roh) vergewissere ich mich beim Händler oder Fischer am Markt, dass die Scampi wirklich fangfrisch sind.

Couscous-Salat mit Auberginen und Minze

6–8 PORTIONEN

ZUTATEN

350 ml Gemüsefond (S. 186)

200 g Couscous

60 g getrocknete Aprikosen

1 kl. Bd. Minze

60 g Softfeigen

100 g Auberginenwürfel

40 ml Olivenöl

15 g frisch geriebener Ingwer

1 Msp. Cayennepfeffer

1 Msp. Curcuma

1 Msp. Kreuzkümmel

Salz

frisch gemahlener Pfeffer

40 ml Basis-Dressing (S. 186)

40 ml Arganöl

Zubereitung

Gemüsebrühe aufkochen und über den Couscous gießen, er sollte komplett mit Flüssigkeit bedeckt sein. Mit Klarsichtfolie abdecken und ca. 20 Minuten quellen lassen.

In der Zwischenzeit die Aprikosen fein würfeln, Minze in feine Streifen schneiden und die Softfeigen ebenfalls fein würfeln. Die Auberginenwürfel in einer Pfanne mit Olivenöl anbraten. Couscous mit Feigen-, Aprikosen- und Auberginenwürfeln mischen. Minze, Ingwer, Gewürze, Dressing und das Arganöl beigeben und vorsichtig vermengen, damit der Couscous schön locker bleibt und nicht zusammenklumpt. Im Kühlschrank für 1–2 Stunden durchziehen lassen.

Ich fülle diesen Couscous-Salat gerne in knackige Blätter von jungem Romanasalat oder andere knackige Salatblätter. Schmeckt hervorragend auch mit Joghurt und gebratenem Lamm oder Huhn wie hier auf dem Foto.

Fenchel-Orangen-Salat mit Riesencrevetten

ZUTATEN

Für den Salat:
2 Fenchelknollen
2 Orangen
1 Bd. Kerbel (alternativ Minze)

Für das Dressing:
50 ml natives Olivenöl
20 ml milder Weinessig (Sherry-Essig)
½ TL Salz
½ TL Zucker
Pfeffer

Für die Riesencrevetten:
16 Rote Riesencrevetten (alternativ Kaisergranat oder Riesengarnelen)
etwas Rapsöl zum Braten
1 Knoblauchzehe
Salz
Pfeffer

Zubereitung

Die grünen Stiele der Fenchelknollen abschneiden. Die ganzen Knollen quer mit dem Gemüsehobel so dünn wie möglich hobeln, Scheiben in Eiswasser legen. So werden sie sehr „crispy" und verbiegen sich hübsch. Der Salat sieht dadurch noch attraktiver aus und der Fenchel bleibt viel knackiger.

1 Orange mit einem scharfen Messer so schälen, dass möglichst wenig von den weißen Schalenanteilen mit abgeschnitten wird. Die orange Schale in sehr feine Streifen schneiden. Beide Orangen mit einem Messer abschälen, die Filets sauber aus den Trennhäutchen schneiden. Den Fenchel in Schüsselchen schichten, Orangenfilets dazulegen, etwas von den fein geschnittenen Orangenschalen darüberstreuen und mit reichlich gezupftem Kerbel garnieren.

Die Zutaten für das Dressing gut verrühren und über den Salat träufeln.

Die Riesencrevetten in Rapsöl kurz braten, die Knoblauchzehe mit der Schale nur kurz andrücken und mit den Crevetten schwenken. Mit wenig Salz und Pfeffer würzen.

Dieser Salat passt auch perfekt zu gegrillter Hühnerbrust.

Das Kraut von frischem Fenchel lässt sich fein gehackt wie Dill verwenden und kann auch an Stelle des Kerbels für diesen Salat verwendet werden. Kerbel verstärkt noch etwas das anisartige Aroma des Fenchels.

Mein nicht ganz klassisches Taboulé

Eine herrlich erfrischende Vorspeise oder auch Beilage!

6–8 PORTIONEN

ZUTATEN

200 g mittelfeiner Bulgur

1 kleiner Kopf Romanesco

1 kleine Salatgurke

2 Tomaten

2 Frühlingszwiebeln

1 Bd. Petersilie

2 Zweige Minze

Saft von einer Limette

50 ml Olivenöl

Salz

Pfeffer

Kreuzkümmel

2 kleine Köpfe Romanosalat

Zubereitung

Bulgur mit kochendem Wasser übergießen, sodass er gut bedeckt ist. Mit Klarsichtfolie abdecken und 20 Minuten quellen lassen.

Den Romanesco waschen, in kleine Röschen brechen und im Mixaufsatz kurz cuttern, bis er eine ähnliche Körnung wie der Bulgur aufweist. Wenn kein entsprechendes Tool vorhanden ist, einfach mit dem Messer hacken.

Gurke, Tomaten und Frühlingszwiebeln fein schneiden. Petersilie und Minze fein hacken. Alles mischen. Mit Limettensaft und Olivenöl marinieren und mit Salz, Pfeffer und einem Kick Kreuzkümmel würzen.

Mindestens 1 Stunde stehen lassen, und wenn notwendig noch ein bisschen nachwürzen. Die Blätter vom Romanosalat ablösen, waschen, gut abtropfen und mit dem Taboulé füllen.

Gegrilltes Gemüse mit Kräutermandeln, Kerbel-Joghurt und Chili-Öl

Kräutermandeln kaufe ich gern auf mediterranen Märkten.

ZUTATEN

Für das Gemüse:

1 Bd. grüner Spargel

1 Bd. Jungzwiebeln

4 kleine Zucchini

4 kleine Auberginen

4 Kräuterseitlinge

1 Bd. Minikarotten

3 EL Olivenöl

Meersalz

etwas Limettensaft

50 g Kräutermandeln

Für den Kräuterjoghurt:

250 g cremiger Naturjoghurt

2 EL frisch gehackter Kerbel

1 TL Dijonsenf

Saft von einer halben Limette

Salz

Pfeffer

Für das Chiliöl:

1 Knoblauchzehe

1 kl. grüne oder rote Chilischote (Schärfe nach Wunsch)

50 ml Olivenöl

etwas Salz

Zubereitung

Das Gemüse klein schneiden (s. unten) und in einer dünn mit Öl bestrichenen Grillpfanne braten, bis ein schönes Grillmuster erkennbar ist. Bei einer größeren Menge benötigt man dafür mehrere Durchgänge. Das fertig gegrillte Gemüse mit etwas Meersalz bestreuen und ein paar Spritzer Limettensaft sowie das restliche Olivenöl dazugeben. Dann in Alufolie wickeln und in der eigenen, durch das Grillen gespeicherten Hitze garziehen lassen. So entwickeln die verschiedenen Gemüse eine herrliche Aromenvielfalt. Kräutermandeln grob hacken und über das Grillgemüse streuen.

Joghurt mit den Zutaten mischen.

Für das Chiliöl Knoblauch und Chili mit etwas Öl fein hacken, dann mit dem restlichen Öl und Salz mischen und durchziehen lassen. Je nach Schärfe der Chilis kann das Öl sehr pikant werden – vorsichtig dosieren.

Die Gemüseauswahl ist beliebig, es geht mehr um die Art der Zubereitung. Die Zusammenstellung sollte einen ähnlichen Garpunkt aufweisen. Größeres Gemüse – zum Beispiel Kürbis – einfach entsprechend schneiden.

Salat von Roten Rüben und Rhabarber

6–8 PORTIONEN

ZUTATEN

800 g Rote Rüben

500 g grobes Meersalz

500 g Rhabarber

30 g Zucker

Saft von einer halben Limette

2 rote Zwiebeln

100 ml Rotwein

20 ml Rotweinessig

60 ml Rote-Rüben-Saft

1 Sternanis

2 Nelken (optional)

etwas Meersalz

Pfeffer

Für die Marinade:

3 EL Olivöl

3 EL Granatapfelsirup

1 EL Honig

2 EL Rotweinessig

etwas frischer Thymian

Salz nach Bedarf

Zubereitung

Rote Rüben abwaschen und trockenreiben. Das grobe Meersalz in den Bräter geben, die Rote-Rüben-Knollen daraufsetzen und bei 200 °C mindestens 1 Stunde backen. Mit einem Holzspieß überprüfen, ob sie gar sind: Er sollte leicht hineingesteckt werden können. Rüben aus dem Ofen nehmen und überkühlen lassen.

Währenddessen die Rhabarberhaut längs abziehen. Rhabarber schräg in ca. 3 cm lange Stücke schneiden, mit 1 EL Zucker bestreuen und mit Limettensaft beträufeln. Zwiebeln schälen und in Ringe schneiden. Rotwein, Rotweinessig, Rote-Rüben-Saft mit Sternanis, 2 EL Zucker, Nelken und etwas Salz aufkochen. Zwiebelringe und den Rhabarber darin einige Minuten auf kleiner Flamme ziehen lassen. Es darf nicht kochen, denn Rhabarber wird schnell matschig und dieser Salat lebt von der Knackigkeit des Rhabarbers. Von der Hitze nehmen und den Rhabarber in der Flüssigkeit auskühlen lassen.

Schale der Roten Rüben unter fließend kaltem Wasser mit den Händen abreiben (Küchen-Handschuhe tragen, der Saft färbt phänomenal). Rote Rüben in Spalten oder Würfel schneiden. Die Marinaden-Zutaten mischen, darübergießen und salzen. Rhabarber und Zwiebel dazugeben und vorsichtig vermengen.

Dieser Salat passt sehr gut zu geräucherter Entenbrust oder zu mit Speck gebratenen Jakobsmuscheln, erstaunlicherweise aber auch zu kräftigem Käse. Ich bevorzuge Blau- und Rotschimmelkäse.

Zartes Gemüse mit Kräuter-Wermut-Marinade

6–8 PORTIONEN

ZUTATEN

1 Zucchini

1 Karotte

1 Kohlrabi

100 g Romanescoröschen

Salz

1 EL fein geschnittene Jungzwiebeln

20 ml natives Olivenöl

50 ml Basis-Dressing (S. 186)

20 ml Fischfond oder Weißwein

30 ml trockener Wermut (z.B. Noilly Prat)

1 EL gehackte Kräuter (z.B. Petersilie, Kerbel, Estragon, Dill)

Zubereitung

Das Gemüse putzen und in dünne, längliche Bänder schneiden. Das gelingt am besten mit einem scharfen Gemüsehobel. Den Romanesco in Röschen schneiden. In Salzwasser kurz blanchieren. Alle Gemüse hübsch anrichten.

Frühlingszwiebeln, Olivenöl, Dressing, Fischfond oder Weißwein, Wermut und Kräuter zusammen kurz erwärmen, großzügig über den Salat verteilen und kurz durchziehen lassen.

Zu diesem aromatischen, aber doch filigranen Salat passt perfekt gebratener, heller Fisch, beispielsweise Seezunge, Loup de Mer oder, wie auf dem Bild, Dorade.

Pilztatar mit Walnuss-Dressing, Kräutersalat, pochiertem Ei

Pilze heißen nicht umsonst im Volksmund auch Schwammerl. Sie bestehen großteils aus Wasser und saugen sich liebend gern mit noch mehr davon voll. Derart durchnässt, lassen sie sich kaum mehr mit zufriedenstellendem Ergebnis braten. Daher Pilze niemals waschen, sondern höchstens kurz mit kaltem Wasser abspülen und mit Küchenpapier trocken tupfen. Besonders Steinpilze, aber auch Pfifferlinge sind empfindlich.

6–8 PORTIONEN

ZUTATEN
Für das Pilztatar:
400 g Pilze nach Marktangebot (z.B. Portobello, Champignons, Pfifferlinge, Austernpilze, Kräuterseitlinge)
30 ml natives Olivenöl
1 EL gehackter Estragon (alternativ Petersilie)
2 EL gehackte Schalotten
ca. 4–5 EL Basis-Dressing (S. 186)
ca. 1 EL Walnuss-Öl
Salz
Pfeffer
1 EL gehackte Walnüsse

frischer Kräutersalat, mariniert mit Walnussöl und Basis-Dressing (S. 186)

Für die pochierten Eier:
2 EL Weißwein-Essig
Salz
6–8 Eier

Zubereitung
Küchenfertig vorbereitete Pilze (s. oben) in Olivenöl scharf anbraten. Auf einem Sieb abtropfen lassen und mit einem Messer nicht allzu fein hacken. Mit Estragon, Schalotten, etwas Basis-Dressing und Walnussöl marinieren. Leicht salzen und pfeffern und in einen Ring drücken. Sollte das Pilztatar zu nass sein, in einem Sieb leicht abtropfen lassen.

Kräutersalat waschen, gut abtropfen und ebenfalls leicht mit Walnussöl und Dressing anmachen.

Für die pochierten Eier Wasser mit etwas Essig und Salz zum Kochen bringen, dann auf mittlere Stufe zurückdrehen. Die Eier aufschlagen und vorsichtig in Kaffeetassen geben. Darauf achten, dass die Eigelbe unversehrt bleiben. Mit einer Kelle das Wasser im Topf zum Kreisen bringen und die Eier zügig einzeln ins rotierende Wasser gleiten lassen. Unter dem Siedepunkt 5 Minuten garen. Die Eigelbe sollten noch leicht flüssig sein. Tatar, Kräutersalat und die pochierten Eier anrichten, mit restlichem Dressing und Walnussöl beträufeln, mit gehackten Walnüssen bestreuen und lauwarm servieren.

Ich liebe knackige Salate, deshalb wasche ich den Salat immer ganz am Anfang und stelle ihn dann abgetropft in den Kühlschrank, bis ich serviere.

Spinatsalat mit gratiniertem Ziegenkäse und Feigen

6–8 PORTIONEN

ZUTATEN

Für den Salat:

250 g junger Blattspinat

40 g geröstete Mandeln

1 TL Akazienhonig

Saft von einer halben Zitrone

2 EL Nussöl

etwas Meersalz

Für den Ziegenkäse:

150 g Ziegenkäse (am besten ist eine Rolle mit 3–5 cm Durchmesser)

2 TL brauner Zucker

1 EL Akazienhonig

Pfeffer

Zubereitung

Spinat in kaltem Wasser kurz, aber gründlich waschen. Gut abtropfen lassen. Die Mandeln grob hacken.

Ziegenkäse in ca. 1 cm dicke Scheiben schneiden. Dies geht bei frischem Käse nicht ganz so leicht, da dieser hartnäckig am Messer haftet. Dagegen hilft es, das Messer in heißes Wasser zu tauchen, dann geht es ganz leicht. Die Scheiben auf Backpapier legen, mit braunem Zucker bestreuen und mit dem Flämmer kurz karamellisieren. Honig darüberträufeln und mit etwas frisch gemahlenem schwarzem Pfeffer vollenden.

Spinatblätter mit Zitrone, Nussöl und Salz leicht marinieren. Auf Teller verteilen, mit den gerösteten Mandeln bestreuen. Karamellisierten Ziegenkäse darauf anrichten. Mit knusprigem Weißbrot servieren.

Frische Trauben, Birnenspalten oder Feigen passen sehr gut zu diesem Salat. Ein wahrhafter Genuss ist die Kombination mit Balsamico-Feigen (S. 160).

Von den Artischocken die grünen, außenliegenden Blätter abzupfen, bis die gelben zum Vorschein kommen und nur noch die Spitzen der Blätter grün sind. Diese sodann deutlich im gelben Bereich abschneiden, auch den Stängelansatz mit einem scharfen, kleinen Messer sauber zuschneiden,

sodass möglichst wenig von der Artischocke entfernt wird.
Man kann davon ausgehen, dass alles, was dunkelgrün ist,
nachher immer noch hart und zäh ist, und lediglich die
gelblich-weißen Teile der Artischocken zart sind.

Wasser-melonen-Salat mit Minze und Feta

6–8 PORTIONEN

ZUTATEN

1 kl. Wassermelone

200 g Feta

Saft von einer halben Limette

2 EL natives Olivenöl

1 kl. Bd marokkanische Minze

Zubereitung

Die Melone halbieren, in Scheiben schneiden und die Kerne so gut es geht entfernen. Die Schale abschneiden, Melonenstücke in 1–2 cm große Würfel schneiden. Den Feta in etwas kleinere Würfel schneiden.

Die Melonenstücke mit Limettensaft, Olivenöl und der frisch geschnittenen Minze vorsichtig mischen. Den Feta darüber streuen. Vor dem Servieren den Melonen-Feta-Salat sehr vorsichtig einmal durchmischen.

Wenn der Salat am Schluss zu heftig vermischt wird, löst sich der Feta auf und die Melonen-stücke werden unansehnlich.

Salat mit rohen Artischocken

Die rohen Artischocken schmecken intensiv nussig und leicht bitter. Daher kombiniere ich diesen Salat gerne mit Fleisch: Kaninchen, Lammfilets, Wachtelbrüstchen und Hühnerbrust sind meine Favoriten.

6–8 PORTIONEN

ZUTATEN

Für die Artischocken:

6 kl. Poveraden (kleine, kinderfaustgroße Artischocken)

Salz

Pfeffer

Saft von einer Zitrone

Für den Salat:

frische Blattsalate der Saison

30 ml Basis-Dressing (S. 186)

30 g Parmesanspäne

Saft von einer Zitrone

20 ml junges natives Olivenöl

Blüten und Kräuter nach Wunsch

Zubereitung

Von den Artischocken die grünen, außenliegenden Blätter abzupfen, bis die gelben zum Vorschein kommen und nur noch die Spitzen der Blätter grün sind. Diese sodann deutlich im gelben Bereich abschneiden, auch den Stängelansatz mit einem scharfen, kleinen Messer sauber zuschneiden, sodass möglichst wenig von der Artischocke entfernt wird. Alles, was grün ist, bleibt hart, nur die gelblich-weißen Teile werden zart. Salat anrichten, mit Dressing beträufeln, die Artischocken mit einem sehr scharfen Gemüsehobel fein über die Salate hobeln. Leicht salzen, pfeffern und mit Zitronensaft beträufeln. Dann die Parmesanspäne und zum Schluss noch ein wenig junges Olivenöl über den Salat geben. Mit Kräutern und Blüten dekorieren.

Einfach zwischendurch

Makrelen-Tatar mit Avocado-Creme

6–8 PORTIONEN

ZUTATEN

Für das Makrelen-Tatar:

1 Bio-Limette

45 g Salz

25 g brauner Zucker

500 g Makrelenfilets

2 EL natives Olivenöl

1 Bd. Koriander

Für die Avocado-Creme:

1 reife Avocado

50 g Crème fraîche

50 g Mayonnaise (S. 187)

einige Spritzer Limettensaft

Salz

Pfeffer

½ mit Salz zerdrückte Knoblauchzehe

Mit der gleichen Methode lassen sich auch Lachsfilets (ohne Haut) und Thunfischfilets mit sehr gutem Ergebnis beizen.

Zubereitung

Mit einem scharfen Messer die Schale der zuvor heiß abgewaschenen Limette hauchdünn abschälen und in feine Streifchen schneiden. Salz und Zucker mit den Limettenzesten vermischen und gleichmäßig über die Makrelenfilets streuen. Das ist eine Art Beize, nach gut 1 Stunde im Kühlschrank tritt der gewünschte Effekt ein. Wenn man länger beizt, entzieht das Salz-Zucker-Gemisch dem Fisch mehr Wasser und er wird etwas fester.

Filets mit einem scharfen Messer in sehr feine Würfelchen schneiden (3–4 mm) und mit Limettensaft und Olivenöl marinieren. Frisch gehackten Koriander dazugeben. Nur kurz vermischen, dann bleiben die Fischstücken appetitlich glasig.

Für die Avocado-Creme das Fruchtfleisch mit Crème fraîche, Mayonnaise und Limettensaft mixen, mit Salz und Pfeffer und Knoblauch abschmecken.

Fischtatar in einen Ring mit ca. 8 cm Durchmesser geben, leicht andrücken. 1 guten Esslöffel der Avocado-Creme darüber verteilen, glattstreichen und vorsichtig den Ring abziehen.

Thunfisch roh mariniert „Caipirinha" mit Puffbohnen und Treviso rosso

6–8 PORTIONEN

ZUTATEN

500 g Thunfisch (Sushi-Qualität)

1 Bio-Limette

45 g Salz

25 g brauner Zucker

2 EL natives Olivenöl

1 kg Fava-Bohnen (Puffbohnen)

1 gehackte Schalotte

1 EL gehackte Kräuter (z.B. Kerbel, Schnittlauch, Petersilie, Estragon)

30 ml Basis-Dressing (S. 186)

2 Köpfchen Treviso rosso

Zubereitung

Thunfisch in ca. 1 cm dicke Scheiben schneiden. Mit einem scharfen Messer die Schale der zuvor heiß abgewaschenen Limette hauchdünn abschälen und in feine Streifchen schneiden. Mit Salz und Zucker mischen und gleichmäßig über den Thunfisch streuen. Das ist eine Art Beize, nach gut 1 Stunde im Kühlschrank tritt der gewünschte Effekt ein. Wenn man länger beizt, entzieht das Salz-Zucker-Gemisch dem Fisch mehr Wasser und er wird etwas fester.

Filet in Würfelchen schneiden (ca. 1 cm) und mit Limettensaft und Olivenöl marinieren.

Die Puffbohnen ausbrechen, die Kerne kurz blanchieren, aus den Häutchen schälen und zu den Thunfischwürfeln geben. Schalotte und Kräuter und etwas Dressing dazugeben. Mit jungem Treviso rosso servieren.

Mit der gleichen Methode lassen sich auch Lachsfilets (ohne Haut) und Makrelenfilets (gerne mit Haut) mit sehr gutem Ergebnis beizen.

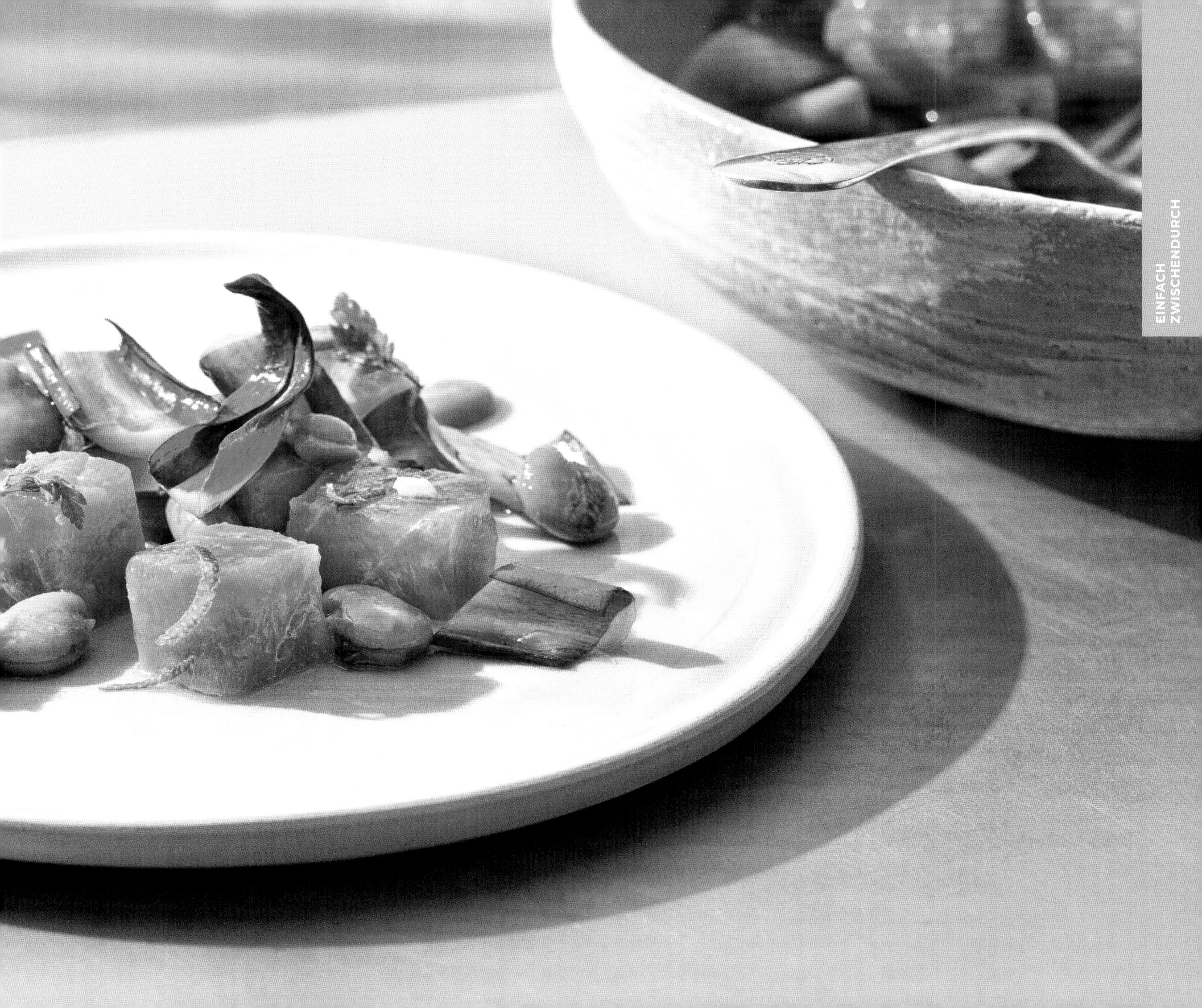

Dorade mit Limetten und Basilikum

6–8 PORTIONEN

ZUTATEN

6–8 Doradenfilets

Salz

Pfeffer

1 mittelgroße Zwiebel

2 Bio-Limetten

20 g brauner Zucker

50 ml Weißwein

30 ml weißer Balsamicoessig

120 ml natives Olivenöl

2–3 Lorbeerblätter

Pfefferkörner

Koriandersamen

1 Bd. Basilikum

Zubereitung

Die wenigen, aber kräftigen Gräten der Doraden-filets mit einer Fischpinzette zupfen. Filets kalt abspülen und mit Küchenpapier trocken tupfen. In jeweils 3 schöne Stücke schneiden, leicht salzen und pfeffern.

Für die Marinade Zwiebel schälen, halbieren und in nicht allzu feine Streifen schneiden. Die Limetten mit einem scharfen Messer so abschälen, dass auch die weiße Zwischenhaut vollständig entfernt wird. Dann in dünne Scheiben schneiden.

Den braunen Zucker karamellisieren, mit Weißwein und Balsamico ablöschen, das Olivenöl und die Gewürze dazugeben und kurz durchziehen lassen. Die Filetstücke mit der Haut nach unten in die heiße Marinade legen. 1–2 Minuten ziehen lassen, wenden und dann die Pfanne von der Hitze nehmen. Nach 20 Minuten sind die lauwarmen Fischstücke perfekt glasig durchgezogen und schmecken herrlich. Basilikum darüber zupfen.

Mit knusprigem Baguette servieren.

Sarde in Saor

6–8 PORTIONEN

ZUTATEN
2 EL Rosinen
250 ml Weißwein
500 g Sardinen
Salz
Pfeffer
2 EL Mehl
100 ml Rapsöl
3 mittelgroße Zwiebeln
40 ml Olivenöl
50 ml weißer Balsamico
2–3 kl. Lorbeerblätter

Zubereitung

Die Rosinen in 100 ml Weißwein einweichen und beiseitestellen.

Die Sardinen vorbereiten: Kopf abschneiden und mit dem Schwanzende die Mittelgräte vorsichtig herausziehen. Leicht salzen und pfeffern und in Mehl wenden. Im Rapsöl beidseitig scharf anbraten. Auf Küchenpapier abtropfen lassen.

Die Zwiebeln schälen, halbieren und in nicht allzu feine Streifen schneiden. In Olivenöl gemächlich anbraten, ohne sie stark bräunen zu lassen. Mit dem restlichen Weißwein und weißem Balsamico aufgießen, Lorbeerblätter und die abgetropften Rosinen dazugeben und kurz köcheln lassen.

In ein passendes, flaches Geschirr etwas Zwiebeln geben, Sardinen eng hinein schichten und mit den restlichen Zwiebeln, Rosinen und der Marinade bedecken.

Nach 2 Tagen sind sie perfekt durchgezogen. Mindestens 1 Stunde vor dem Servieren aus dem Kühlschrank nehmen.

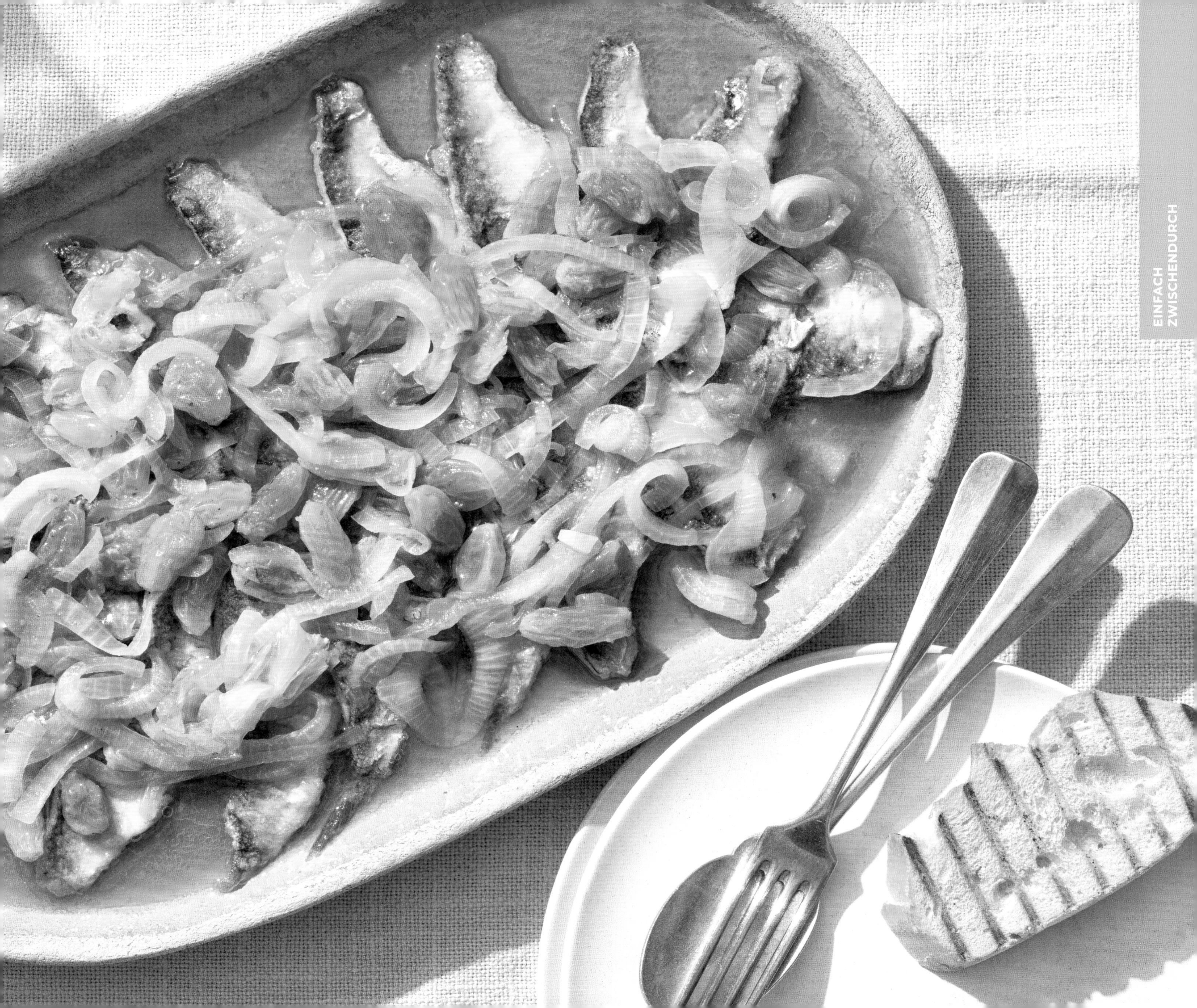

Brandade de Morue

6–8 PORTIONEN

ZUTATEN
500 g Stockfisch (Bacalao)
500 ml Milch
2 Lorbeerblätter
50 ml natives Olivenöl
1 fein gehackte Knoblauchzehe
Salz
Pfeffer
Muskat

Zubereitung
Stockfisch abspülen und mindestens 24 Stunden im Kühlschrank wässern. Wasser nach 12 Stunden wechseln. Fisch in der Milch mit Lorbeer köcheln lassen, bis er weich und gar ist.

Aus der Milch nehmen, zerzupfen und nach und nach die heiße Mich einarbeiten (geht am besten mit einem Haushaltsmixer). Wenn die Masse breiig wird, das Olivenöl einarbeiten, mit Knoblauch, Salz, Pfeffer und einem Hauch Muskat würzen.

Noch warm auf geröstetem Weißbrot serviert ein Traum.

Kürbis-Kartoffel-Tortilla

6 PORTIONEN

ZUTATEN

150 g Butternuss- oder Muskatkürbis
(wichtig ist festes Fleisch)

150 g Kartoffeln

1 kl. Zwiebel

1–2 EL Olivenöl

Salz

Paprika

Pfeffer

Muskat

2 Eier

60 ml Sahne

Blattpetersilie

Zubereitung

Kürbis mit einem scharfen Messer abschälen, großblättrig schneiden. Kartoffeln und Zwiebeln schälen und in Scheiben bzw. Ringe schneiden. Zusammen in Olivenöl gemächlich anbraten. Ich verwende dazu eine beschichtete Pfanne, in der ich die Tortilla auch gleich in den Ofen schieben kann. Mit den Gewürzen abschmecken.

Eier mit der Sahne verquirlen und über die Kartoffel- und Kürbisscheiben gießen. Idealerweise ist die Tortilla ca. 2 Finger dick. Im Ofen bei ca. 180 °C 15–20 Minuten backen. Nach dem Backen einige Minuten überkühlen lassen. Stürzen, mit frisch gehackter Petersilie bestreuen und schneiden.

Natürlich kann man Tortilla auch ganz klassisch nur mit Kartoffeln, aber auch nur mit Kürbis machen.

Die Tortilla schmeckt auch lauwarm oder am nächsten Tag hervorragend. Ich serviere sie auch gerne als Beilage zu Fisch und Fleisch jeglicher Art.

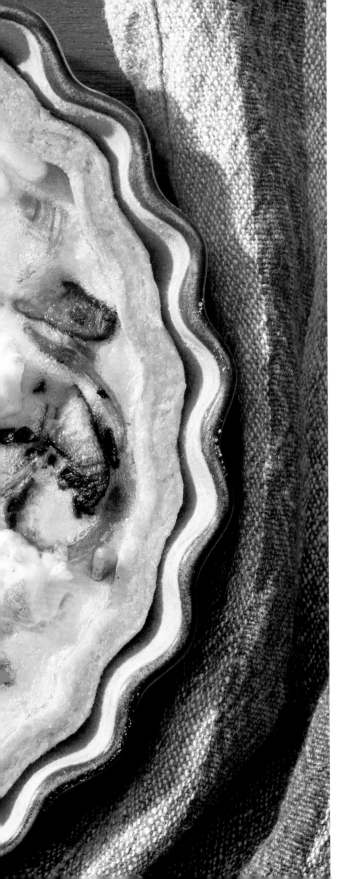

Feine Quiche

Für eine Quiche gibt es tausende Möglichkeiten – eine ideale Möglichkeit, kleinere Mengen an übrig gebliebenem Gemüse zu verarbeiten!

6–8 PORTIONEN

ZUTATEN

Für den Boden:

250 g Mehl plus Mehl für die Form

150 g Butter plus Butter für die Form

5 g Salz

60 ml Milch

1 Eigelb

Für den Belag:

1 kl. rote Zwiebel

2 Portobello-Pilze oder Gemüse nach Wahl

100 g Baby-Spinatblätter oder Gemüse nach Wahl

1 EL Olivenöl

Salz

Pfeffer

2 Eier

150 ml Sahne

Muskat

100 g Feta (oder Emmentaler, Gruyère etc.)

Zubereitung

Für den Teig alle Zutaten mischen, nur kurz verkneten, einige Stunden kühl ruhen lassen. Dünn ausrollen, auf die Größe der entsprechenden Form zuschneiden. Die Form buttern und mit Mehl ausstreuen, mit dem Teig auslegen.

Zwiebel und Gemüse für den Belag wenn nötig schälen, klein schneiden und in Olivenöl anschwitzen. Mit Salz und Pfeffer würzen und auf dem Boden der Quiche verteilen. Eier und Sahne vermischen, mit Salz, Pfeffer und Muskat würzen. Den gewürfelten oder geriebenen Käse dazugeben, kurz vermengen und über das Gemüse gießen. Ca. 30 Minuten bei 175 °C backen.

EINE
GANZ
PERSÖN-
LICHE
PASTA

Gerollt und gebraten

Die frischen Burger-Pattys in der Metzgerei hatten mich auf eine Idee gebracht: Für mein ganz spezielles Pastagericht brauchte ich als Grundlage nur noch blanchierte Lasagneblätter. Darauf kamen frisch gegrillte Melanzani-Scheiben, auf denen ich die Fleischmasse verteilte. Dann hieß es, die Blätter einrollen und in Scheiben schneiden – so entstand eine Art Kreuzung aus Lasagne und Cannelloni.

Ein kräftiger Snack für zwischendurch

Für mehr Geschmack briet ich die Scheiben auf beiden Seiten in der Pfanne an. Anschließend nahm ich sie aus der Pfanne und bereitete in dieser eine Tomatensauce zu. Die angebratene Pasta durfte dann in der fertigen Sauce zugedeckt noch einige Minuten ziehen, damit sich die Aromen verbanden. Serviert mit frisch geriebenem Parmesan waren die Lasagen-Cannelloni in Windeseile verzehrt.

PANE

Feines Fingerfood für die Mannschaft

In der sardischen Küche wird Pane Carasau mit Olivenöl und etwas Meersalz im Ofen erhitzt und mit hauchdünnen Bottargascheibchen belegt – eine wahre Köstlichkeit. Unserer Segel-Mannschaft hat es mit rohen Artischocken, Scamorza, Petersilie, Limone und Olivenöl ebenso geschmeckt wie mit Tomate, rohen Gamberetti, Amalifizitrone, Minze und Knoblauch.

Köstlicher Vorrat

Dieses herrliche, getrocknete Fladenbrot der sardischen Hirten ist auf Sardinien, aber auch an den italienischen Mittelmeerküsten weit verbreitet. Es ist monatelang haltbar und bietet faszinierend viele Möglichkeiten. Ich nehme immer ein Paket mit aufs Schiff. Klassisch werden die hauchdünnen Scheiben in Brühe eingeweicht und wie Nudelblätter zu einer Art Lasagne weiterverarbeitet.

CARASAU

Diese würzige kalte Suppe ist ein Klassiker und ein toller Starter für ein köstliches Essen in einer Bucht. Ideal auch in Kombination mit Tatar von Lachs, Makrele oder Thunfisch.

Grüne Gazpacho mit Garnelenspießchen

6–8 PORTIONEN

ZUTATEN

Für die Gazpacho:

1 Salatgurke

2 grüne Paprika

4 grüne Tomaten

150 g Staudensellerie oder Fenchel

100 g altbackenes Weißbrot ohne Rinde

4 Petersilienstängel

1 Knoblauchzehe

80 ml Olivenöl

1 Handvoll Spinatblätter

Saft von einer Limette

grüne Chilischote nach Geschmack

Salz

Pfeffer

Für die Garnelenspieße:

18 kleine, geschälte Garnelen

Salz

Pfeffer

Chili

1 EL Pflanzenöl

1 TL Sesam

Zubereitung

Gurke und Paprika halbieren, entkernen und kalt abspülen. Tomaten und Fenchel bzw. Staudensellerie entstrunken. Alles grob würfeln und in einen Mixbecher geben.

Weißbrot in Würfel schneiden, Petersilienstängel grob hacken, Knoblauchzehe andrücken. Mit Olivenöl und Spinat zum Gemüse geben und mit Limettensaft, grünem Chili, Salz und Pfeffer würzen. Wenn vorhanden, eine Handvoll zerstoßene Eiswürfel dazugeben. Kräftig durchmixen. Gazpacho am besten in Gläser füllen.

Jeweils 3 Garnelen auf Holzspießchen stecken, mit Salz, Pfeffer und Chili leicht würzen, in Öl kurz scharf anbraten und mit Sesam bestreuen. Zur Gazpacho servieren.

Mit gelbem Gemüse zubereitet wird die Gazpacho gelb.

Tonno di Coniglio

FÜR 6–8 PERSONEN

ZUTATEN

100 g Wurzelgemüse (Karotte, Sellerie, Lauch)

1 Zwiebel

30 ml weißer Balsamico

125 ml Weißwein

2 Lorbeerblätter

1 Sternanis

wenige Pfefferkörner

Salz

4 Kaninchenkeulen

100 ml Olivenöl

Zubereitung

Aus grob geschnittenem Wurzelgemüse und grob geschnittener Zwiebel, Balsamico, Weißwein und Gewürzen einen Sud aufstellen. Kurz aufkochen lassen, die Kaninchenkeulen einlegen und für 45 Minuten leicht köcheln lassen.

Im Sud auskühlen lassen. Das Fleisch in möglichst schönen Stücken vom Knochen lösen, frei von Sehnen und Knorpeln. In eine Schüssel geben und mit dem Olivenöl übergießen.

Diese Zubereitung ist mir in Kampanien begegnet. Kaninchenfleisch ist günstig und so zubereitet sieht es dem edlen, weißen Thunfisch sehr ähnlich. Den „Tonno" vom Kaninchen kann man genauso verarbeiten wie seinen Namensgeber. Meine Favoriten: „Salade niçoise" oder, wie hier im Bild, mit Babykarotten, roten Zwiebeln und Minze zu einem feinen Salat verarbeitet.

Sambuseks mit Spinat, Feta und Minze

In Spanien heißen die Teigtaschen Empanadas. Sie können auf die verschiedensten Arten gefüllt werden. So lassen sich auch kleine Mengen von Schinken, Wurst, Hackfleisch und Gemüse sowie Käsereste auf kreative Art und Weise zu Leckerbissen verarbeiten.

6 PORTIONEN

ZUTATEN

Für den Teig:
200 g Mehl
1 Pkg. Backpulver
etwas Zucker
½ TL Salz
40 g kalte Butter
50–100 ml lauwarmes Wasser
1 verquirltes Ei

Für die Füllung:
1 kl. Zwiebel
1 EL Olivenöl
100 g Blattspinat
100 g Feta
1 EL Pinienkerne
Salz
Pfeffer
Muskat
4–5 Zweige Minze

Zubereitung

Für den Teig Mehl, Backpulver, Zucker, Salz und Butter zu feinen Streuseln verarbeiten. Nach und nach das lauwarme Wasser einarbeiten, bis der Teig bindet. Kurz zusammenkneten und in Klarsichtfolie gewickelt kühl stellen.

Für die Füllung die Zwiebel fein schneiden, in Olivenöl anschwitzen. Blattspinat kurz mit anschwitzen. Auskühlen lassen, Feta und die separat gerösteten Pinienkerne dazugeben. Mit Salz, Pfeffer und Muskat würzen. Eine besondere Note gibt die frisch gehackte Minze.

Den Teig ausrollen und mit einem Ausstecher (8 cm Durchmesser) Kreise ausstechen. Die eine Hälfte mit der Füllung belegen, die andere mit dem verquirlten Ei bestreichen. Zusammenklappen und die Ränder gut andrücken. Wenn das mit einer Gabel gemacht wird, bekommen die Sambuseks einen hübschen Rand. Nochmals mit etwas Ei bestreichen, dann bei 180 °C im Ofen goldbraun backen.

Herzhaft und erwärmend

Minestrone mit weißen Bohnen

Die weißen Bohnen schmecken auch als lauwarmer Bohnensalat mit etwas Balsamcio und Zwiebeln. Man kann sie mit der Garflüssigkeit bedeckt einige Tage im Kühlschrank aufbewahren. Ich koche immer mindestens ein halbes Kilo davon.

6–8 PORTIONEN

ZUTATEN

Für die weißen Bohnen:

90 g getrocknete weiße Bohnen

1 Zweig Rosmarin

100 ml Weißwein

50 ml Olivenöl

etwas Thymian

grobes Salz

Für die Minestrone:

1 Zwiebel

100 g Karotten

100 g mehlige Kartoffeln

100 g Sellerie

100 g Zucchini

2 Knoblauchzehen

80 ml Olivenöl

150 ml Weißwein

1 l Gemüsefond (S. 186)

Pfeffer

Muskat

2 gr. gehäutete Tomaten (oder 250 g Tomaten aus der Dose)

100 g Erbsen

1 kl. Bd. Petersilie

Zubereitung

Die Bohnen am Vortag in ausreichend kaltem Wasser einweichen. Abgießen, mit Rosmarin, Weißwein, Olivenöl und etwas Thymian, wenig Salz und so viel Wasser, dass sie gerade bedeckt sind, in eine ofenfeste Schale geben. Mit Backpapier abdecken und bei 160 °C im Ofen garen. Das kann schon ca. 1 Stunde dauern, lieber länger und nicht zu heiß garen, sonst platzen sie auf.

Währenddessen die Suppe zubereiten: Zwiebel und sämtliche Gemüse in erbsengroße Stücke schneiden, Knoblauch hacken. Zwiebel, alle Wurzelgemüse und Knoblauch in Olivenöl anschwitzen, mit Weißwein ablöschen und mit Gemüsefond aufgießen. Gewürze dazugeben und köcheln, bis das Gemüse bissfest ist. Tomaten und das restliche Gemüse inkl. Erbsen dazugeben und nur noch kurz kochen.

Die weißen Bohnen in die fertige Suppe geben, mit Petersilie bestreuen.

Für Minestrone gibt es unzählige Rezepte mit den unterschiedlichsten Kombinationen bei den verwendeten Gemüsesorten – diese herrliche Suppe eignet sich perfekt, um im Kühlschrank „für Ordnung" zu sorgen, nach dem Motto: Too good to go!

Klare Fischsuppe

6–8 PORTIONEN

ZUTATEN

500 g Fischkarkassen
(Gräten und Abschnitte)

250 g grob geschnittenes
Wurzelgemüse (Karotte, Lauch,
Sellerie, Petersilienwurzel, Fenchel)

1 Knoblauchzehe

200 ml Weißwein

Saft von einer Zitrone

20 ml Pernod

80 ml trockener Sherry

Cayennepfeffer

Curry

evtl. einige Safranfäden

Salz

Pfefferkörner

2–3 Lorbeerblätter

Fenchelsamen

Kräuter (auch Petersilien- oder
Kerbelstängel) nach Belieben

Zubereitung

Alle Zutaten mit 2 Liter Wasser kalt aufsetzen.
Möglichst rasch aufkochen lassen. Bevor der
Fond richtig zu kochen beginnt, auf kleine Hitze
zurückdrehen. 5–10 Minuten sanft köcheln
lassen. Vom Herd nehmen und ca. 30 Minuten
ruhen lassen, damit sich die Trübstoffe setzen.
Dann können die zarten Aromen richtig aufge-
nommen werden – nicht umsonst heißt dieser
Grundfond in Frankreich »Fumet de Poisson«.
Durch ein Tuch abpassieren.

**Im Gegensatz zu Rindssuppe, die durch länge-
res Kochen immer aromatischer wird, entwickeln sich bei Fischfond leicht tranige und
unangenehme Töne, wenn er zu lange köchelt
oder zieht. Um das Aroma zu intensivieren,
kann der Fond nach dem Abseihen reduziert
werden.**

Rouille

6–8 PORTIONEN

ZUTATEN

2 rote nicht allzu scharfe Chilischoten

2 Knoblauchzehen

wenig Meersalz

1 gekochte Kartoffel

150 ml Olivenöl

50 ml Crème fraîche oder cremiger Naturjoghurt

Zitronensaft

Salz

Pfeffer

Cayennepfeffer

Zubereitung

Chili mit Knoblauch und Meersalz im Mörser fein verreiben oder mit einem Messer fein zerdrücken. Mit der passierten Kartoffel kräftig vermischen. Olivenöl wie bei einer Mayonnaise einrühren und dann die Crème fraîche unterheben. Mit Zitronensaft, Salz, Pfeffer und Cayennepfeffer abschmecken.

Perfekt z.B. zu einer Bouillabaisse mit knusprigem Baguette.

Safran-Aioli

6–8 PORTIONEN

ZUTATEN

150 g Mayonnaise (S. 187)

50 g Naturjoghurt

einige Safranfäden

1 EL milder Weißweinessig

3 Knoblauchzehen

Salz

Cayennepfeffer

Pfeffer

Zubereitung

Mayonnaise mit Joghurt vermischen. Safranfäden im Weißweinessig einweichen und in die Mayonnaise einrühren. Knoblauchzehen hacken, mit Salz ganz fein zerreiben und mit der Safran-Mayonnaise mischen. Mit Cayennepfeffer und Pfeffer abschmecken.

Vorsicht mit dem Salz! Durch den Knoblauch, der mit Salz zerdrückt wurde, ist die Safran-Aioli bereits sehr würzig.

Perfekt z.B. zu klarer Fischsuppe.

Bouillabaisse

6–8 PORTIONEN

ZUTATEN

500 g kl. Fische, gerne auch kleine
Langusten, Hummer, Scampi, Garnelen,
Miesmuscheln, Vongole

80 ml Olivenöl

1 Fenchelknolle

2 Karotten

1 Zwiebel

3 Knoblauchzehen

50 g Tomatenmark

300 ml Weißwein

500 g Pelati (oder reife Tomaten)

Pfefferkörner

2–3 Lorbeerblätter

Fenchelsamen

Salz

Pfeffer

Saft von 1 Zitrone

Cayennepfeffer

Für die Einlage:

ca. 250 g gemischte Fischfilets und/oder
Meeresfrüchte wie oben beschrieben

Mit geröstetem Weißbrot,
Safran-Aioli oder Rouille
und einer Flasche kräftigem
Weißwein ein Traum.

Zubereitung

Falls Krustentiere mitverarbeitet werden, kurz kochen und schälen. Fleisch beiseitelegen. Die Krustentiere-Schalen mit den geputzten und zerkleinerten Fischen in einem Bräter in Olivenöl anbraten.

Fein geschnittenes Gemüse, Zwiebel und Knoblauch dazugeben und kurz durchrösten. Tomatenmark kurz mitbraten, mit Weißwein ablöschen, alle restlichen Zutaten dazugeben, ca. 1,5 Liter Wasser zugießen und alles zusammen für ca. 1 ½ Stunden köcheln lassen.

Durch ein mittleres Sieb passieren. Mit einer Schöpfkelle das Gemüse und die Fischstückchen im Sieb gut ausdrücken, dadurch kommen passiertes Gemüse und kräftiger Fischsaft in die Suppe und sie wird etwas sämig und noch geschmacksintensiver. Mit Salz, Pfeffer, Zitronensaft und Cayennepfeffer abschmecken.

Die Suppe kurz aufkochen, dann die geputzten und entgräteten Fischfilets bzw. küchenfertig vorbereiteten Meeresfrüchte in Stücke schneiden, mit dem Fleisch der gerösteten Krustentiere in die Suppe legen und in wenigen Minuten gar ziehen lassen. So erhält die Suppe einen intensiven Geschmack und die Fische sowie die Meeresfrüchte bleiben saftig und perfekt am Punkt.

Auch gesäuberte Muscheln können vor dem Servieren in die Suppe gegeben werden. Sie sind gar, wenn sie sich öffnen (dauert nur wenige Minuten).

Hummerbisque

6–8 PORTIONEN

Als Einlage passen sehr gut gebratene Zucchini, Erbsen, gebratene Garnelen oder Jakobsmuscheln und natürlich Hummerfleisch.

ZUTATEN

750 g Hummerschalen

50 g Butter

40 ml Olivenöl

80 g Zwiebel oder Schalotten

1 Knoblauchzehe

250 g Wurzelgemüse (Karotte, Lauch, Sellerie, Petersilienwurzel, Fenchel)

50 g Tomatenmark

60 ml Weinbrand

100 ml Noilly Prat

40 ml Pernod

100 ml Weißwein

500 ml Fischfond

1 l Sahne

150 ml Crème fraîche

2–3 kl. Lorbeerblätter

Pfefferkörner

Fenchelsamen

Curry

einige Safranfäden

Saft von 1 Zitrone

Salz

Cayennepfeffer

Zubereitung

Hummerkarkassen zerstoßen und im Ofen bei 150 °C ca. 20–30 Minuten trocknen, bis das Wasser verdampft ist. In Butter und Olivenöl anrösten, bis sich das Öl rot färbt, dabei darauf achten, dass nicht zu stark geröstet wird, da der Fond sonst bitter wird. Fein geschnittene Zwiebel, Knoblauch und grob geschnittenes Gemüse beigeben, kurz weiterrösten. Tomatenmark dazugeben, ganz kurz durchrösten und mit Weinbrand, Noilly Prat, Pernod und Weißwein ablöschen. Fischfond, Sahne, Crème fraîche, Lorbeer und Gewürze beigeben. 1 knappe Stunde köcheln lassen. Abgießen, durch ein feines Sieb passieren und mit Zitronensaft, Salz und Cayennepfeffer abschmecken. Vor dem Servieren mit dem Mixstab aufschäumen.

Tomaten-Krustentier-Orangeade

6–8 PORTIONEN

ZUTATEN

750 g Krustentierschalen
(Hummer, Languste, Scampi)

100 ml Olivenöl

80 g fein geschnittene Zwiebeln
oder Schalotten

2 Knoblauchzehen

250 g grob geschnittenes
Wurzelgemüse (Karotte, Lauch,
Sellerie, Petersilienwurzel, Fenchel)

50 g Tomatenmark

100 ml Noilly Prat

40 ml Pernod

100 ml Weißwein

500 ml Fisch- oder Muschelfond
(S. 121, alternativ Gemüsefond S. 186)

500 g Tomaten

500 g Orangen

Salz

Cayennepfeffer

Pfeffer

etwas Kardamompulver (optional)

Diese Köstlichkeit serviere
ich mit filetierten
Orangen und Tomaten-
concassée (gehäutete,
grob gewürfelte Tomaten).

Zubereitung

Karkassen zerstoßen und im Ofen bei 150 °C
langsam trocknen. In Olivenöl anrösten, bis sich
das Öl rot färbt, dabei darauf achten, dass nicht
zu stark geröstet wird, da sonst der Ansatz zu
bitter wird. Zwiebel, Knoblauch und Gemüse
beigeben, kurz weiterrösten. Tomatenmark dazugeben, ganz kurz durchrösten und mit Noilly Prat,
Pernod, Weißwein und Fisch- oder Muschelfond
ablöschen. Auf kleiner Flamme 1 Stunde köcheln
lassen.

Tomaten häuten und grob würfeln. Orangen mit
einem scharfen Messer so abschälen, dass die
weiße Zwischenhaut möglichst knapp, aber doch
vollständig abgeschnitten wird. Fruchtfleisch
grob würfelig schneiden. Den Krustentierfond absieben, Tomaten und Orangen dazugeben und den
Fond aufkochen. 2–3 Minuten köcheln lassen.
Mixen und durch ein grobes Sieb passieren.

Mit gekochten Miesmuscheln oder Vongole oder gebratenen Jakobsmuscheln und etwas Safran garniert servieren.

Muschelsuppe mit Curry und Safran

6–8 PORTIONEN

ZUTATEN

1 Zwiebel

2 mehlige Kartoffeln

80 g Butter

2 Knoblauchzehen

1 TL scharfes Currypulver

150 ml Weißwein

1 l Muschelfond (S. 121)

500 ml Milch

250 ml Sahne

Salz

Pfeffer

Muskat

Zubereitung

Zwiebel und Kartoffeln grob schneiden. In Butter anschwitzen, gehackten Knoblauch und das Currypulver kurz mitanschwitzen, mit Weißwein und Muschelfond auffüllen und ca. 20 Minuten auf kleiner Flamme köcheln lassen. Milch und Sahne dazugeben, mit Salz, Pfeffer und Muskat würzen, mixen und durch ein mittelfeines Sieb passieren.

Basis für Cremesuppen

ZUTATEN

1 Zwiebel

2 mehlige Kartoffeln

80 g Butter

150 ml Weißwein

1 l Gemüsefond (S. 186)

250 ml Sahne

Salz

Pfeffer

Muskat

Diese Basis lässt sich vielfältig abwandeln: Spinat und Kräuter wie Bärlauch, Kerbel, Petersilie oder Kresse mixe ich mit dem Ansatz und erhalte so die jeweilige Suppe. Karotten, Sellerie, Lauch, Fenchel, Kürbis, Süßkartoffeln etc. gebe ich in kleineren Mengen zum Ansatz; wenn ich mehr davon habe, reduziere ich den Anteil der Kartoffeln in der Basis und koche die jeweilige Suppe.

Zubereitung:

Zwiebel und Kartoffeln grob schneiden. In Butter anschwitzen, mit Weißwein und Gemüsefond auffüllen und ca. 20 Minuten auf kleiner Flamme köcheln lassen. Sahne dazugeben, mit Salz, Pfeffer und Muskat würzen, mixen und durch ein mittelfeines Sieb passieren.

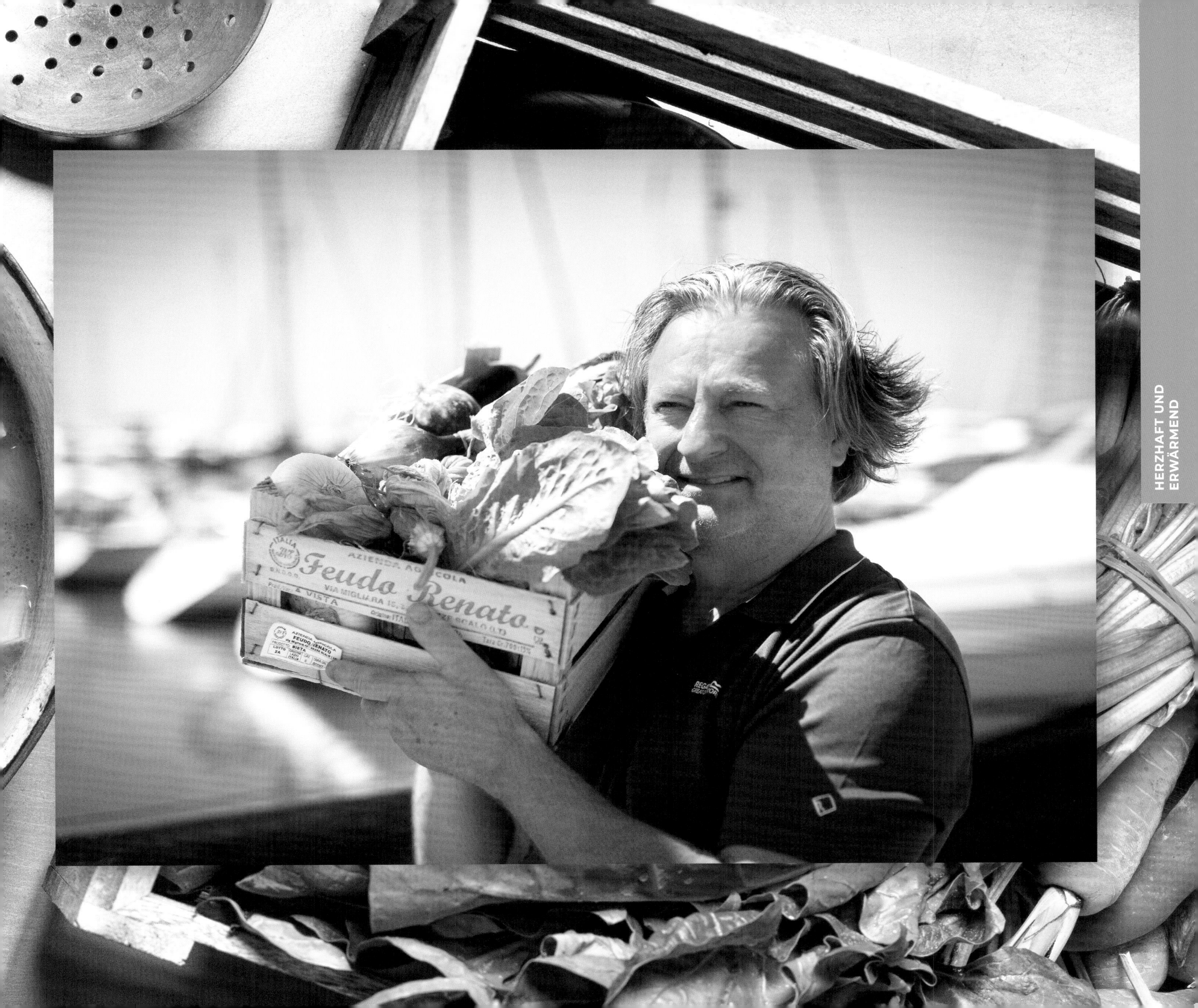
Feudo Renato

EIN LERNENDER EINEM LERNENDEN!

Meine Zeit in Harrys Bar in Venedig hat Risotto, diese herrliche Träger-Substanz, zu einer Säule meines Beilagen-Repertoires gemacht. Risotti können aber auch für sich stehen, ich serviere sie sogar als Hauptgericht.

Wer Lust auf Kombinieren und Abwandeln hat, wird auf den folgenden Seiten fündig. Risotti sind in so vielen Varianten denkbar, dass ich nur meine »Lieblinge« weitergeben kann und dazu animieren möchte, selbst mit Gemüse, Meeresfrüchten, Kräutern und Pilzen zu experimentieren.

Arrigo Cipriani (von vielen kurz Harry genannt) schrieb in mein Notizbuch ein paar Sätze. Am Ende stand »Ein Lernender einem Lernenden!«. Es ist ein Grundgesetz, dass der Schüler irgendwann seinen Meister einholen will und zwangsläufig in einigen Fällen auch überholt – nur so entsteht Entwicklung. Wie aber lässt sich ein genialer Risotto weiterentwickeln? Gegen die Risotti in Harrys Bar sieht das meiste, was unter diesem Namen auf Tellern landet, ärmlich aus, vom Geschmack zu schweigen. Deshalb wird die Grund-Zubereitung von mir kaum verändert. Aber: Wir wollen heute leichter und gesünder genießen und dennoch nicht auf den vollen Geschmack verzichten.

Dafür biete ich euch eine von mir entwickelte Methode, Risotti cremig, geschmackvoll, aber doch etwas leichter herzustellen. Der Trick: Ich ersetze für die Cremigkeit Butter und Olivenöl, zum Teil auch den Käse, durch Gemüsepürees. Wenn Gemüsepürees auf dem Speiseplan stehen, macht also etwas mehr und kocht in den nächsten Tagen Risotto. Ich finde, das ist geschmacklich nicht zu überbieten.

Risotto-Grundrezept

ZUTATEN

50 g Schalotten

40 g Butter

200 g Arborio-, Vialone-
oder Carnaroli-Reis

150 ml Weißwein

750 ml Gemüse-, Geflügel- und
zu Fischgerichten auch Fischfond

40 g kalt gepresstes Olivenöl

60 g geriebener Hartkäse
(Parmesan oder Pecorino)

Butter nach Geschmack

Das Grund-Risotto
nennt Harry Risotto
alla parmigiana.

Zubereitung

Schalotten in Butter anschwitzen und den Reis glasig werden lassen. Mit Weißwein ablöschen, etwas einköcheln lassen und mit einem Teil des Fonds auffüllen. Es ist wichtig, dass der Reis den Fond gemächlich und nach und nach aufnehmen kann, deshalb nicht alles auf einmal dazugeben. Immer wenn der Reis den Fond aufgesogen hat, wieder etwas Fond nachfüllen. Es ist in dieser Phase nicht notwendig, zu rühren, es genügt, die am Topfboden anhängenden Reiskörner durch Schwenken des Topfes von Zeit zu Zeit zu lösen. Heftiges Rühren in der Anfangsphase des Kochens beschädigt die Reiskörner, man rührt Stärke in die Sauce, das Ergebnis kann nicht wirklich befriedigen.

Am Ende der Garzeit kräftig schwenken und Olivenöl, Käse und Butter einmontieren, sodass der Risotto cremig und dickflüssig wird. Nicht von ungefähr stehen die Risotti in Italien zusammen mit den Nudelgerichten auf der Karte, denn ein perfekter Risotto besteht aus al dente gekochtem Reis (bitte nicht mit Kern!), eingehüllt in eine mollige Sauce. Nie und nimmer darf ein Risotto breiartig sein, und seine Körner dürfen auch nicht aneinander kleben. Es kann sein, dass der Reis – vor allem wenn er zu rasch gekocht wurde – die gesamte Flüssigkeit aufbraucht, bevor er fertig ist. In diesem Fall noch etwas Fond oder Wasser nachgießen, bis die Konsistenz perfekt ist.

ARTISCHOCKEN-RISOTTO

Kleine Artischocken putzen, halbieren, in Öl rundherum anbraten. Etwas Knoblauch, fein gehackte Schalotten und Petersilie beigeben, mit Weißwein ablöschen, mit Geflügelfond bedecken und weichkochen. Schöne Artischocken-Hälften für die Garnitur behalten, die anderen grob hacken und mit einem Teil des Kochfonds zum Risotto geben.
Kombiniere: Gebratene weiße Fische oder helles Fleisch

STEINPILZ-RISOTTO

250 g blättrig geschnittene Steinpilze und 1 fein geschnittene Schalotte in Butter anbraten. 1 angedrückte Knoblauchzehe dazugeben, mit Petersilie oder Estragon bestreuen, mit etwas Weißwein ablöschen. Nach dem ersten Aufgießen mit Fond zum Risotto geben, weiter wie im Grundrezept.
Kombiniere: Mit Balsamico-Linsen gefüllte Wachtelkeulchen, geschmorte Kalbsbacken, Kalbsfilet-Crepinette

KAROTTEN-RISOTTO

Die Mengen von Butter und Olivenöl halbieren, dafür 5 Minuten, bevor der Grund-Risotto fertig ist, 100 g Karottenpüree und weich gedünstete Karottenwürfel nach Belieben einrühren.
Kombiniere: Gebratene Jakobsmuscheln, Fisch im weitesten Sinn, speziell gegrillte Rotbarbenfilets

SPINAT-RISOTTO

In das Grundrezept unmittelbar vor dem Servieren reichlich frischen Babyspinat einrühren.
Kombiniere: Gebratener Spargel oder gebratener Fisch, aber auch Hühnerbrust und Kalbsmedaillons

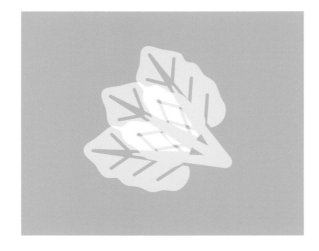

RADICCHIO-RISOTTO

1 Kopf Radicchio in feine Streifen schneiden und zusammen mit den Schalotten anschwitzen, weiter wie im Grundrezept.
Kombiniere: Gebratener Steinbutt oder gebratene Dorade und Balsamico-Schaumsauce

ROTE-RÜBEN-RISOTTO

5 Minuten vor Ende der Garzeit 150 g gekochte und gewürfelte Rote Rüben zum Grund-Risotto geben, der Käse kann hier weggelassen werden.
Kombiniere: Pochierter Wels, gebratener Seeteufel oder Zander, Meerrettich-Schaumsauce

VARI ATIO NEN

SAFRAN-RISOTTO

Nach dem Aufgießen mit Wein einige Safranfäden beigeben. Oder wie beim klassischen Risotto Milanese die Schalotten statt in Butter mit ausgelassenem Rindermark anschwitzen, mit Weißwein ablöschen, mit Safran würzen und wie im Grundrezept fertigstellen.
Kombiniere: Perfekte Kombination mit Ossobuco, aber auch zu Fisch und Scampi

ERBSEN-MINZE-RISOTTO

5 Minuten vor Ende der Garzeit frische Erbsen zum Grund-Risotto gegeben. Am Schluss mit frischer Minze verfeinern.
Kombiniere: Seeteufel-Piccata oder gebratene Scampi; Kürbiskernöl und geröstete Kürbiskerne

TOMATEN-RISOTTO

1 fein gehackte Knoblauchzehe und 1 fein geschnittene Schalotte in Öl anschwitzen. 250 g gewürfelte Pelati beigeben, 100 ml Tomatensaft angießen, 1 Zweig Basilikum mitköcheln lassen. Diese Sauce gleich zu Beginn mit dem Risotto mischen, Fond-Anteil entsprechend reduzieren. Weiter wie im Grundrezept.
Kombiniere: Gebratener Zander, Seeteufel- oder Kalbsrücken-Piccata, dazu Bärlauch- oder Basilikum-Pesto

ZITRUS-RISOTTO

Filets von je 1 Zitrone und Orange mit in feine Streifen geschnittener Schale von jeweils einer halben Zitrone und Orange ab der Hälfte der Garzeit mitkochen. Mit etwas Safran abschmecken und auf den Käse verzichten.
Kombiniere: Gebratener Loup de mer, Steinbutt, Kalbeljau, aber auch Scampi und Garnelen

SAFRAN

SPINAT

RADICCHIO

KAROTTE

PILZE

TOMATE

ERBSEN-MINZE

ZITRUS

ARTISCHOCKE

ROTE RÜBE

HERZHAFT UND
ERWÄRMEND

Balsamico-Linsen mit Salsiccia

6–8 PORTIONEN

ZUTATEN
250 g grüne Linsen
Salz
150 g fein geschnittene
Wurzelgemüse-Würfelchen
5 fein geschnittene Schalotten
(oder 1 gr. Zwiebel)
60 g Butter
60 ml Balsamico
300 ml Gemüsefond (S. 186)
Pfeffer
2 Lorbeerblätter
Thymian
ca. 300 g Cotechino bzw. Salsiccia

Zubereitung

Linsen in Wasser für mindestens 5 Stunden einweichen. In kräftigem Salzwasser blanchieren, abgießen und mit kaltem Wasser abspülen. Das stoppt den Garvorgang. Gemüsewürfelchen und Schalotte in Butter anschwitzen, mit Balsamico ablöschen, kurz einreduzieren und dann Gemüsefond dazugeben. Linsen beigeben, mit Salz, Pfeffer, Lorbeer und Thymian würzen und langsam einkochen, bis die Flüssigkeit fast zur Gänze von den Linsen aufgenommen ist.

Salsiccia aus der Haut drücken und die ungleichmäßigen Stücke in einer beschichteten Pfanne ohne Fett braten, bis sie leicht bräunen. Alternativ einfach der Länge nach halbieren und dann anbraten. Mit den Linsen servieren.

Statt Salsiccia passt auch Cotechino, eine deftige Wurst aus Schweinenacken, -fleisch und -schwarte. Sie wird vorsichtig ca. 2 Stunden gekocht, dann aufgeschnitten.

Die Balsamico-Linsen können schon am Vortag zubereitet werden. Sie bleiben im Kühlschrank in einem Einmachglas heiß abgefüllt mindestens 10 Tage top, der Geschmack intensiviert sich dabei sogar. Auch als kalter Salat mit einem Schuss Essig, Olivenöl und etwas gehackter Petersilie schmecken sie köstlich.

Marrokanischer Lammeintopf (Tahine) mit Dörrpflaumen und Salzzitrone

Dazu schmeckt
frisches Fladenbrot, aber auch
der Couscous mit Auberginen,
Aprikosen und Minze (S. 38) ist
eine hervorragende
Kombination.

FÜR 6–8 PORTIONEN

ZUTATEN

800 g Lammfleisch
150 g Dörrpflaumen
100 g Rosinen
½ TL Zimt
½ TL Kreuzkümmel
1 TL Kurkuma
½ TL gemahlener Koriander
½ TL Ingwerpulver
80 ml Olivenöl
6 Schalotten (oder 2 Zwiebeln)
½ Salzzitrone
2 EL Sesam

Zubereitung

Fleisch in 2–3 cm große Würfel schneiden. Dörrpflaumen und Rosinen in reichlich Wasser einweichen. Die Gewürze mit etwas Olivenöl mischen und damit das Lammfleisch marinieren. Fleisch im restlichen Olivenöl anbraten, die gehackten Schalotten dazugeben und kurz mitbraten. Mit ca. 500 ml der „Einweichflüssigkeit" der Pflaumen und Rosinen aufgießen. Ca. 30 Minuten köcheln lassen. Dörrpflaumen halbieren und mit den Rosinen zum Eintopf geben. Salzzitrone fein würfeln und dazugeben. Nochmals ca. 30 Minuten langsam köcheln lassen, bis das Fleisch zart ist.

Sesam in einer Pfanne ohne Fett rösten und über das Lammfleisch streuen.

Pochierter Stockfisch auf Chorizo-Bohnen-Ragout

Für den Stockfischsud:

200 g Wurzelgemüse

1 l Wasser

50 ml Weißweinessig

150 ml Weißwein

Lorbeerblätter

Fenchelsamen

Pfefferkörner

500 g gut gewässerter Stockfisch

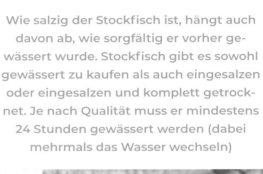

Wie salzig der Stockfisch ist, hängt auch davon ab, wie sorgfältig er vorher gewässert wurde. Stockfisch gibt es sowohl gewässert zu kaufen als auch eingesalzen oder eingesalzen und komplett getrocknet. Je nach Qualität muss er mindestens 24 Stunden gewässert werden (dabei mehrmals das Wasser wechseln)

FÜR 6–8 PORTIONEN

ZUTATEN

Für das Chorizo-Bohnen-Ragout:

150 g Karotten

150 g Sellerie

1 gr. Zwiebel

150 g Chorizo

50 ml Olivenöl

1 EL Rosenpaprika

1 EL Tomatenmark

3 Knoblauchzehen

3 Zweige Rosmarin

30 ml trockener Sherry

100 ml Gemüsefond

Salz

Pfeffer

Cayennepfeffer

200 g gegarte weiße Bohnen (S. 84, alternativ aus der Dose)

Zubereitung

Gemüse, Zwiebel und Chorizo in erbsengroße Stücke schneiden. In Olivenöl anschwitzen. Paprika und Tomatenmark dazugeben und kurz mitanschwitzen. Geviertelte Knoblauchzehen und Rosmarinzweige beigeben. Mit Sherry ablöschen, den Gemüsefond angießen. Mit wenig Salz, Pfeffer und Cayennepfeffer abschmecken und leise köcheln lassen. Bohnen dazugeben und das Ragout heiß halten.

Die Zutaten für den Stockfischsud in einen passend großen Topf geben, aufkochen lassen. Stockfisch sanft pochieren, den Sud nur vorsichtig oder gar nicht salzen, da der Stockfisch je nach Qualität recht salzig sein kann. Pochierten Stockfisch auf dem Chorizo-Bohnen-Ragout anrichten.

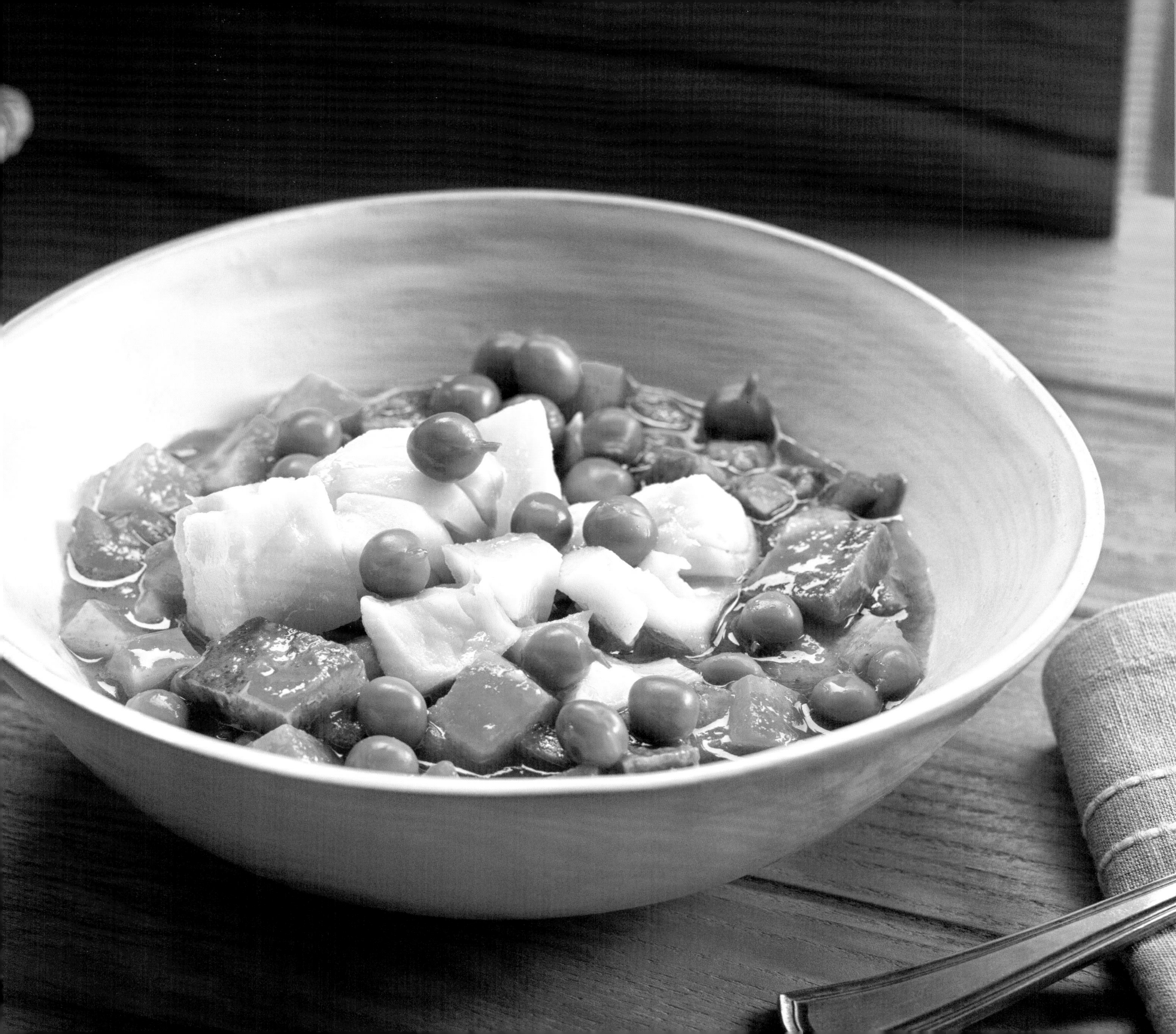

Paccheri
mit Hummer

Dieses Gericht aß ich zum ersten Mal in Bonifacio auf Korsika. Es war so unglaublich, dass ich der Sache gleich auf den Grund ging. Der Korse in der Küche, ein aufgeschlossener, sehr netter Typ, hat mir die entscheidenden Arbeitsschritte erklärt. Schnell war mir klar, wieso diese Pasta anders schmeckte als alles, was ich zuvor am Teller gehabt hatte. Der Trick ist, den Hummer saftig gegart zu haben und gleichzeitig die Pasta al dente gekocht. Dazu braucht es Fingerspitzengefühl. Die Pasta darf im Gegensatz zu in Wasser gegarter Pasta nie in der Sauce kochen, das würde dem Hummer schaden. Das ist etwas aufwändig, und es ist zu beachten, dass die Pasta eine längere Garzeit benötigt als beim Kochen in Wasser. Aber das Resultat lohnt sich allemal.

6–8 PORTIONEN

ZUTATEN

2 Hummer à ca. 300–400 g

Salz

150 g Wurzelgemüse (Karotte, Lauch, Sellerie, Petersilienwurzel, Fenchel)

Olivenöl zum Braten

1 fein geschnittene Zwiebel

2 Knoblauchzehen

50 g Tomatenmark

60 ml Weinbrand

40 ml Pernod

100 ml Weißwein

500 ml Gemüsefond (S. 186)

Pfefferkörner

2–3 Lorbeerblätter

Fenchelsamen

Curry

Petersilienstängel

Zitronensaft

Cayennepfeffer

500 g Paccheri (auch Orechiette, Trofie, Strozzapreti oder Casarecce eignen sich perfekt)

100 ml Sahne

1 kl. Bd. Petersilie

Zubereitung

Hummer in kochendem Salzwasser 1–2 Minuten blanchieren (frische Hummer koche ich lebend, da sie sehr schnell verderben, ist das leider unumgänglich). Kurz in kaltem Wasser abschrecken. Schwanz und Scheren abbrechen, mit einem großen Messer in größere Stücke hacken und beiseitelegen. Den Panzer vom Körper ziehen, den Körper unter fließendem Wasser abwaschen und gut abtropfen lassen. Beides grob hacken und mit dem grob geschnittenen Wurzelgemüse in Olivenöl bei milder Hitze 15 Minuten rösten. Zwiebel, Knoblauch und Tomatenmark beigeben und nochmals kurz rösten. Mit Weinbrand und

Pernod ablöschen und mit Weißwein und Gemüsefond auffüllen, Gewürze dazugeben. Ca. 1 Stunde köcheln lassen, abschmecken und durch ein Sieb abgießen. Fond auf die Seite stellen. Jetzt kann mit dem eigentlichen Gericht begonnen werden: Die Scheren- und Schwanzstücke in Olivenöl kurz anbraten. Mit etwas vom Fond aufgießen, die Pasta zusammen mit den Hummerstücken in der Hummersauce garen, dabei immer wieder etwas Fond angießen. Am Ende sollten die Nudeln den Saft gut aufgesaugt haben und nicht darin schwimmen. Abschließend Sahne und gehackte Petersilie dazugeben, nochmals kurz köcheln lassen, bis die Pasta herrlich saftig glänzt.

Haupt-
sachen

Grillierte Rotbarben mit Ratatouille und gerösteten Artischocken

6 PORTIONEN

ZUTATEN

Für die Rotbarben:

12 Rotbarben

Salz

Pfeffer

Olivenöl zum Beträufeln

Für die Ratatouille:

2 gr. Schalotten

1 grüne Paprika

1 rote Paprika

1 gelbe Paprika

1 Zucchini

1 Aubergine

2 Fleischtomaten

80 ml Olivenöl

Salz

2 Knoblauchzehen

Pfeffer

1 EL frisch gehackte Kräuter (Petersilie, Thymian, Rosmarin, Salbei)

Für die Artischocken:

9 Poveraden (kleine Artischocken)

Zitronensaft

30 ml Olivenöl

Salz

Pfeffer

gehackte Petersilie

Zubereitung

Rotbarben schuppen, ausnehmen, kalt auswaschen, filetieren und mit einer Pinzette die Gräten zupfen. Filets zur Seite stellen.

Schalotten und Gemüse bis auf die Tomaten feinwürfelig schneiden und in Öl anschwitzen. Am Schluss mit Salz zerdrückten Knoblauch und die enthäuteten und gewürfelten Tomaten dazugeben. Mit Salz und Pfeffer abschmecken und mit frischen Kräutern – aber Vorsicht, nur wenig, die fruchtig-süße Note der Ratatouille sollte nicht übertüncht werden.

Artischocken putzen wie auf S. 54/55 beschrieben. Während des Putzens in Wasser mit Zitronensaft einlegen. Kurz vor dem Servieren in Spalten schneiden und in Olivenöl goldgelb rösten. Mit Salz, Pfeffer, etwas Zitronensaft und gehackter Petersilie abschmecken.

Rotbarbenfilets mit Salz und Pfeffer würzen, mit Olivenöl beträufeln und mit der Hautseite nach unten auf ein Blech mit Backpapier legen. 2–3 Minuten bei starker Oberhitze (Grillstufe) im Ofen braten. Wenden und mit der Hautseite nach oben 2–3 Minuten fertig grillieren. Rotbarben mit Ratatouille belegen, mit Artischocken servieren.

Ungeübte bitten den Fischver-
käufer um das Filetieren. Meist
machen die Verkäufer das
anstandslos, nur das Zupfen der
Gräten wird oft als übertrieben
empfunden. Deshalb mache ich
das prinzipiell selbst.

Fisch in der Salzkruste

6 PORTIONEN

ZUTATEN
1 Karotte
1 Fenchelknolle
Petersilienstängel
2,5 kg grobes Meersalz
etwas Eiweiß
1 Fisch mit ca. 2 kg
hochwertiges Olivenöl
1 Zitrone

Zubereitung

Karotte, Fenchel und Petersilienstängel klein
schneiden, in den Bauchraum des Fisches geben.
Das Meersalz mit Eiweiß befeuchten. Fingerdick
auf ein Blech mit Backpapier in überzeichneter
Größe des Fisches auftragen. Fisch darauflegen
und mit der restlichen Salzmasse einpacken.
Im Ofen bei 170 °C ca. 50 Minuten garen. Mit
Olivenöl und Zitrone servieren.

Als Beilage passen gedämpfte Kartoffeln, Safran-
Aioli und Salat.

Für diese Garungsmethode eignen sich nur größere Fische ab 1,5 kg, da sonst der Salzgeschmack zu intensiv wird. Wichtig ist auch, die Fische nicht zu schuppen, damit nicht zu viel Salz einziehen kann.

Folgende Fische eignen sich für meinen Geschmack am besten: Wolfsbarsch, Gold- und Zahnbrasse, Knurrhahn, Drachenkopf, Red Snapper und erstaunlicherweise auch Lachs.

Bei den Süßwasserfischen empfehle ich Zander, Seeforellen und Huchen.

Miesmuscheln in Weißwein mit Knoblauch und Kräutern

6 PORTIONEN

ZUTATEN

1 kg Miesmuscheln

1 Karotte

150 g Lauch

100 g Staudensellerie

1 kl. Zwiebel

Petersilie, Dill oder Kerbel

60 ml Olivenöl

3–4 Knoblauchzehen

500 ml Weißwein

Ich gieße immer viel
Weißwein an, zum einen für den
Geschmack, zum anderen siebe
ich den restlichen Sud ab und
verarbeite ihn in Muschel- und
Fischsuppen, Paella oder für
Saucen.

Zubereitung

Muscheln unter fließendem Wasser kurz abwaschen und den Bart entfernen. Gemüse und
Zwiebel fein würfeln, Kräuter hacken.

Olivenöl in einem großen Topf erhitzen. Gemüse,
Zwiebel und Knoblauch dazugeben. Kurz anschwitzen, dann die Muscheln und die Kräuter
in den Topf geben. Gut umrühren, Weißwein
angießen und die Muscheln zugedeckt 3 Minuten
köcheln lassen, bis sie sich öffnen. Falls schlechte
Muscheln dabei sind, öffnen sich diese nicht. Also
einfach geschlossene Muscheln nicht essen.

**Es spielt keine Rolle, wenn das eine oder an-
dere Gemüse nicht verfügbar ist, wichtig sind
Knoblauch, Kräuter und Weißwein.**

Stockfisch-Gröstl

HAUPT-
SACHEN

Zubereitung

Die Zutaten für den Stockfischsud in einen passend großen Topf geben, aufkochen lassen. Stockfisch sanft pochieren, den Sud nur vorsichtig oder gar nicht salzen, da der Stockfisch je nach Qualität recht salzig sein kann (s. S. 110).

Zwiebel fein schneiden, ebenso den Frühlingslauch. Den Spargel schräg in Stücke schneiden und alles zusammen in Olivenöl kurz anbraten. Kartoffeln in Scheiben schneiden (Polentareste in walnussgroße Stücke brechen) und ebenfalls mitanbraten. Am Schluss Spinat und den pochierten Stockfisch dazugeben und mit Salz, Pfeffer, Majoran und Kümmel würzen.

6–8 PORTIONEN

ZUTATEN
Für den Stockfischsud:
200 g grob geschnittenes Wurzelgemüse
1 l Wasser
50 ml Weißweinessig
150 ml Weißwein
3–4 Lorbeerblätter
Fenchelsamen
Pfefferkörner

500 g gut gewässerter Stockfisch

Für das Gröstl:
1 mittelgroße Zwiebel
3 Stängel Frühlingslauch
250 g grüner Spargel
2 EL Olivenöl
300 g gekochte Kartoffeln (alternativ auch Polenta-Reste)
150 g frischer Spinat (alternativ Mangold, Cime di rapa, Schwarzkohl)
Salz
Pfeffer
Majoran
etwas Kümmel

123

Seeteufel-Medaillons im Speckmantel mit Zitronengras

6 PORTIONEN

ZUTATEN

1 mittelgroßer Seeteufel

18 Scheiben dünn aufgeschnittener Bauchspeck ohne Knorpel

1 Bd. Zitronengras

2 EL Olivenöl

Salz

Pfeffer

Zubereitung

Seeteufel mit einem scharfen Messer von der Mittelgräte her schneiden und dann sauber die Haut abziehen. Jedes Filet in 9 gleich große Medaillons schneiden. Die Stücke in Richtung Schwanzende werden daher immer ein bisschen größer geschnitten. Das letzte Stück bis zur Mitte einschneiden und umklappen, so erhält es auch eine medaillonartige Form. Die Stücke einzeln mit den Speckscheiben umwickeln. Am dicken Ende des Zitronengrases wenig abschneiden, nur so viel, dass es auseinander geblättert werden kann. Die mittleren, festeren Teile eignen sich als Spieße für die Medaillons. Da sie sich aber immer etwas verbiegen, ist es ratsam, die Medaillons mit einem eher dicken Metallspieß vorzustechen. Die Medaillon-Spieße in Olivenöl von jeder Seite ca. 3 Minuten braten. Nur leicht mit Salz und Pfeffer würzen.

Als Beilage eignet sich Zitrus-Risotto, Auberginen-Minz-Couscous oder auch „Patate al sale" (Kartoffeln, die mit Salzwasser bedeckt gekocht werden, bis das Wasser verdampft ist).

Ein genialer Trick fürs Schuppen:
Fische unter Wasser schuppen.
So verhindert man das
„Herumspicken" der
Fischschuppen, die sonst
unangenehm in der Gegend
herumschwirren.

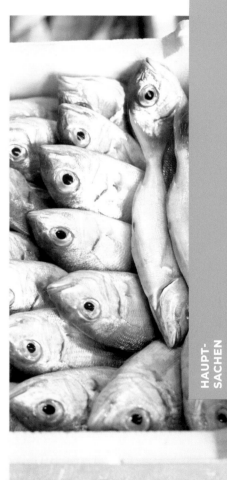

HAUPT-
SACHEN

Seezunge im Ganzen gebraten mit Tomaten und Kapern (alla Carlina)

6 PORTIONEN

ZUTATEN

3 Seezungen (500 g plus)

ca. 80 ml hochwertiges Olivenöl

6 gr. Tomaten

1 EL gehackte Schalotten (oder Zwiebel)

2 EL gehackte Petersilie

1 Knoblauchzehe

2 EL Kapern

Zitronensaft

Salz

Pfeffer

Zubereitung

Seezungen enthäuten. Dazu die Schwanzflosse 2–3 Sekunden in kochendes Wasser tauchen, dann zieht sich die Haut zurück. Mit einem Messer die Haut in Richtung Kopf vorsichtig abschaben. Mit einem Tuch fassen und abziehen. Den Vorgang auf der anderen Seite wiederholen. Bart mit einer Schere abschneiden. Seezungen mit Olivenöl bepinseln und auf jeder Seite 5–6 Minuten bei mittlerer Hitze grillen oder in der Pfanne braten.

Tomaten häuten und würfeln. Schalotten in Olivenöl anschwitzen. Tomaten, Petersilie, angedrückte Knoblauchzehe, Kapern und ein paar Spritzer Zitronensaft beigeben. Mit Salz und Pfeffer abschmecken, durchschwingen und über den fertig gegrillten Fisch geben.

Ich grille die Seezunge ungesalzen und nehme zum Aromatisieren lieber Olivenöl. Beim Abschmecken verwende ich gerne sparsam eingesetztes grobes Salz.

Seezungen-röllchen mit Gemüse und Beurre blanc (Weißwein-Butter-Sauce)

6 PORTIONEN

ZUTATEN

3 Seezungen (500 g plus)

200 g Gemüse (Karotte, Lauch, Lauch-zwiebel, Stangensellerie, Spinat)

Butter zum Anschwitzen

30 ml Olivenöl

250 ml Weißwein

Saft von einer halben Zitrone

Salz

Pfeffer

125 ml Sahne

100 g kalte Butter

Zubereitung

Seezungen enthäuten. Dazu die Schwanzflosse 2–3 Sekunden in kochendes Wasser tauchen, dann zieht sich die Haut zurück. Mit einem Messer die Haut in Richtung Kopf vorsichtig abschaben. Mit einem Tuch fassen und abziehen. Den Vorgang auf der anderen Seite wiederholen. Bart mit einer Schere abschneiden. Mit einem scharfen Messer die Filets sauber von der Gräte schneiden.

Gemüse in ca. 5 cm lange, dünne Streifen schnei-den, dann in etwas Butter anschwitzen und als kleine „Bündel" auf die dicken Enden der Filets legen und die Filets einrollen. So umschließt das dünne Ende sauber das Röllchen und es lässt sich problemlos mit einem kleinen Holzspieß fixieren.

Ein Stück Backpapier in eine Pfanne mit pas-sendem Deckel legen. Röllchen darauflegen und mit etwas Olivenöl beträufeln. Weißwein und Zitronensaft angießen, leicht salzen und pfeffern und zugedeckt ca. 8 Minuten dämpfen. Röllchen herausnehmen, abdecken und warm stellen. Den Saft in der Pfanne in ein kleines Töpfchen gießen, Sahne beigeben, einköcheln lassen und mit kalten Butterstückchen montieren, sodass die Sauce schön cremig wird (sie sollte nicht mehr wild auf-kochen). Röllchen auf warmen Tellern anrichten und mit der Sauce angießen.

Petersfisch mit Oliven-Tapenade und Safran-Vongole

6–8 PORTIONEN

ZUTATEN

Für den Petersfisch mit Tapenade:

8 Filets vom St. Pierre

3 EL natives Olivenöl

100 ml Tapenade von schwarzen Oliven

(S. 184)

1 Zitrone

Meersalz

Pfeffer

Für die Safran-Vongole:

1 fein geschnittene Schalotte

2 fein gehackte Knoblauchzehen

50 ml natives Olivenöl

500 g Vongole

einige Safranfäden

Saft von einer halben Zitrone

1 kl. Bd. Petersilie

100 ml trockener Weißwein

Salz

Pfeffer

1 EL Maisstärke

Zubereitung

Das Filetieren eines St. Pierres ist nicht ganz einfach, doch leider wird dieser köstliche Fisch oft nur im Ganzen angeboten. Wenn aber einmal der Anfang gemacht ist, lassen sich die völlig grätenfreien Filets recht einfach ablösen. Dazu mit einem scharfen Messer ca. ½ cm vom kräftig mit Stacheln bewehrten Rand des Fisches auf beiden Seiten vom Kopf bis zum Schwanzende entlangschneiden. Dann die Gräten als Führung verwenden und die Filets sauber ablösen.

Haut abziehen, Filets in 1 EL Olivenöl 2 Minuten von jeder Seite bei mittlerer Hitze braten. Tapenade mit 2 EL Olivenöl vermischen und die gebratenen Fischfilets damit bestreichen.

Für die Safran-Vongole Schalotte und Knoblauch in Olivenöl kurz durchschwenken, die Muscheln dazugeben, Safran, Zitronensaft, gehackte Petersilie, Weißwein, Salz und Pfeffer beigeben, durchschwenken, zudecken und ca. 2 Minuten garen, bis sich die Muscheln öffnen. Saft abgießen und einreduzieren, mit etwas Maisstärke binden (Stärke mit etwas Wasser oder Weißwein verrühren und in die Sauce gießen, durchschwenken, fertig). Die Muscheln zurück in die Sauce geben und mit dem Petersfisch servieren.

In der Kombination mit den Safran-Vongole bevorzuge ich Tapenade aus schwarzen Oliven.

Die Filets eignen sich auch gut zum Grillen. Dann lasse ich die Haut als Schutz an den Filets.

Hummer mit Schalotten-Curry-Butter

6 PORTIONEN

ZUTATEN
3–4 schöne Schalotten
100 g Butter
1 TL scharfes Currypulver
3 Hummer à ca. 500 g

Dazu schmeckt super
Avocado-Grapefruit-Salat (S. 35)
oder auch der Fenchel-
Orangen-Salat (S. 41) oder
mein Taboulé (S. 42).

Zubereitung

Für die Schalotten-Curry-Butter die Schalotten in feine Würfelchen schneiden und ganz langsam in der Butter glasig goldbraun werden lassen. Am Schluss das Currypulver mitrösten.

Hummer müssen, da sie lebend angeboten werden, in kochendem Wasser getötet werden. Das geht am schonendsten, indem man sie in einen ausreichend großen Topf mit wallend kochendem Wasser gibt und 4–5 Minuten kocht. Das Kochen gart den Hummer bereits teilweise durch, d.h. die Grillzeit richtet sich auch nach der Kochzeit – zusammen sollte Kochen und Grillen ca. 10–12 Minuten umfassen. Hummer in Eiswasser abschrecken, damit das Fleisch nicht „verkleistert" und zäh wird. Abtropfen lassen und mit einem scharfen Messer halbieren. Die Hummerhälften kurz auswaschen, trocken tupfen und die Fleischseite 2–3 Minuten grillen. Wenden und nochmals 3–5 Minuten grillen. Kräftige Glut und knapper Rostabstand sorgen dabei dafür, dass die Schalen leicht ankohlen, was das typische Aroma eines gegrillten Hummers entstehen lässt. Die gegrillte Seite satt mit der Schalotten-Curry-Butter bestreichen und die Hummer noch 2–3 Minuten im Ofen bei starker Oberhitze (ca. 220 °C) fertig garen.

Wenn kein Grill zur Verfügung steht, grille ich die Hummer auf der Fleischseite in einer Grillpfanne.

Mit Schwarz- wurst gefüllte Calamari

6 PORTIONEN

ZUTATEN

18 kl. küchenfertige Tintenfische

1 kl. Zwiebel

1 kl. Bd. Petersilie

6 Scheiben Toastbrot oder altbackenes Weißbrot

40 g Olivenöl

200 g Schwarzwurst (Blutwurst)

1 Ei

Salz

Pfeffer

Muskat

Zubereitung

Calamari waschen und trocken tupfen. Zwiebel fein schneiden, Petersilie hacken. Toastbrotscheiben fein würfeln und in Olivenöl goldbraun rösten. Zwiebel und Petersilie dazugeben. Schwarzwurst fein schneiden, mit Brotwürfelchen, Petersilie, Zwiebeln und dem Ei gut vermischen. Mit Salz, Pfeffer und Muskat abschmecken und in die Tintenfische füllen. Tintenfische mit Zahnstochern verschließen und bei mittlerer Hitze ca. 10 Minuten grillen oder in der Pfanne von allen Seiten anbraten.

Ideal dazu: geschmolzene Tomaten (enthäuten, würfeln, mit wenig Knoblauch in Olivenöl sanft erhitzen, mit Kräutern verfeinern).

Wenn 1–2 Weinkorken mitgekocht werden, soll der Pulpo dank verschiedener in Kork enthaltener Enzyme noch zarter werden.

Pulpo „a la gallega"

6–8 PORTIONEN

ZUTATEN

500 g Pulpo

Salz

1 mittelgroße Zwiebel

1 rote Paprika

2 Lauchzwiebeln

250 g kl. gekochte Kartoffeln

2 EL Olivenöl

1 EL weißer Balsamico

Zitronensaft

Pfeffer

1 EL Kapern

2 gehackte Knoblauchzehen

2 EL klein geschnittene schwarze Oliven

1 Bd. gehackte Blattpetersilie

Zubereitung

Pulpo in leicht gesalzenem, nicht zu stark kochendem Wasser mindestens 1 Stunde weichkochen. Ausgekühlt in Stücke schneiden.

Zwiebel, Paprika und Lauchzwiebeln fein würfeln. Mit den Kartoffeln in Öl anbraten. Pulpo dazugeben, kurz durchschwenken, dann mit Balsamico, Olivenöl, Salz, Zitronensaft und Pfeffer würzen. Kapern, Knoblauch, Oliven und Petersilie dazugeben – fertig. Lauwarm servieren.

Paella

Was in dieses aus der Gegend von Valencia stammende Gericht kommt, ist nicht in Stein gemeißelt – eine gute Möglichkeit, der Fantasie freien Lauf zu lassen! Wichtig ist nur, die Meeresfrüchte (Fisch), aber auch Gemüse und Fleisch entsprechend dem jeweiligen Garpunkt früher oder später dazuzugeben. Dann schmeckt alles, wie es soll.

ZUTATEN

500 g Muscheln

4–5 kl. vom Verkäufer geputzte Calamari

1 gr. Zwiebel

3 gr. Tomaten

2 Paprika (gelb, grün oder rot)

3 Knoblauchzehen

3 Hühnerkeulen

250 g durchwachsenes Schweinefleisch (alternativ Kaninchen)

Olivenöl zum Anbraten

200 g Rundkornreis

125 ml Weißwein

2 Pkg. Safran

700 ml Fisch- oder Gemüsefond (S. 186)

einige Thymianzweige

2–3 Lorbeerblätter

12 gr. Garnelen (gerne mit Kopf und in der Schale)

1 Bd. Petersilie

Meersalz

Zubereitung

Muscheln unter fließendem Wasser kurz abwaschen und den Bart entfernen. Calamari-Tuben in breitere Ringe schneiden und die Tentakel je nach Größe höchstens halbieren. Zwiebel fein würfeln, Tomaten vierteln, Paprikaschoten in breite Streifen schneiden, Knoblauch hacken. Hühnerkeulen in Stücke teilen, ebenso das Schweinefleisch. Separat in etwas Olivenöl anbraten und beiseitestellen.

Olivenöl in einer großen flachen Pfanne (Paellapfanne) erhitzen, Zwiebel und Knoblauch dazugeben. Kurz anschwitzen, den Reis beigeben, mit Weißwein ablöschen, den Safran beigeben und mit der restlichen Flüssigkeit aufgießen. Thymian und Lorbeer dazugeben, die Fleischstücke in den Reis drücken und 15 Minuten bei 180 °C im Ofen garen. Paprikastreifen und Tomatenviertel sowie die Calamari dazugeben und nochmals für 10 Minuten in den Ofen schieben. Wenn der Reis zu trocken ist, noch etwas Flüssigkeit dazugeben. Garnelen und Muscheln mit der gehackten Petersilie in Olivenöl in einer Pfanne schwenken. Über die Paella geben, für wenige Minuten im ausgeschalteten Ofen durchziehen lassen. Abschmecken.

Ich verzichte auf das Häuten der Tomaten. Wenn jemand die Haut nicht mag, lässt sie sich mühelos abziehen.

Geschmortes Hühnchen mit mediterranem Gemüse

6 PORTIONEN

ZUTATEN
je 1 rote, grüne und gelbe Paprika
2 Zucchini
1 Aubergine
2–3 gr. Schalotten
4–6 EL Olivenöl
3–4 Knoblauchzehen
einige Kräuterzweige (Rosmarin, Thymian, Salbei)
Salz
Pfeffer
2 Hühner
Rosmarin
1 Glas Taggiasca-Oliven

Zubereitung:
Gemüse in grobe Stücke schneiden, Schalotten fein schneiden. Zusammen in der Hälfte des Olivenöls mit den angedrückten Knoblauchzehen und Kräutern anbraten, salzen und pfeffern. Dann in einen Bräter geben.

Die Hühner grob zerteilen, die Stücke im restlichen Olivenöl mit Rosmarin rundherum goldbraun anbraten und auf das Gemüse legen. Oliven darüber verteilen. Für ca. 30 Minuten bei 180 °C im Ofen garen.

Wenn man gerne viel Sauce mag: einfach während des Bratvorgangs ½ Flasche Rotwein angießen.

Als Beilage passt Polenta perfekt.

Die Zusammenstellung des Gemüses ist Geschmacksache, auch Fenchel, Karotten, Kartoffeln, Tomaten, Zwiebel etc. können verwendet werden.

Lammkarree auf jungem Blattspinat mit Zitronengras-Curry-Schaum

Der Schaum wird etwas kompakter, wenn beim Mixen einige kalte Butterstückchen mitgemixt werden.

ZUTATEN

Für den Zitronengras-Curry-Schaum:

1 kl. Zwiebel

30 g Butter

3–4 Stangen Zitronengras

20 g scharfes Currypulver

125 ml Gemüsefond (S. 186)

200 ml Sahne

Salz

Für das Lamm:

2 Lammracks (vorderer Teil des Rückens, üblicherweise mit 8 Knochen geschnitten)

40 g Butterschmalz oder Pflanzenöl

Kräuter (Thymian, Rosmarin, Salbei)

2–3 Knoblauchzehen

Pfeffer

Salz

Für den Blattspinat:

400 g Blattspinat

50 g Butter

Salz

Pfeffer

1 Knoblauchzehe

Muskat

Zubereitung

Für den Zitronengras-Curry-Schaum fein geschnittene Zwiebel in Butter zusammen mit dem fein geschnittenen Zitronengras anschwitzen. Curry beigeben, kurz mit anschwitzen und mit Gemüsefond auffüllen. Etwas einkochen lassen und dann die Sahne beigeben. Nochmals ca. 15 Minuten köcheln lassen. Mixen, abseihen und mit wenig Salz abschmecken.

Lammrücken in einer Eisenpfanne rundherum in Butterschmalz oder Öl anbraten. Kräuter und Knoblauch beigeben. Pfeffern, wenig salzen und bei 220 °C im Ofen ca. 10 Minuten braten. Aus dem Ofen nehmen und kurz ruhen lassen.

Blattspinat in brauner Butter kurz zusammenfallen lassen. Mit Salz, Pfeffer, gehacktem Knoblauch und Muskat würzen, auf vorgewärmten Tellern anrichten.

Lamm aufschneiden und auf den Blattspinat legen. Zitronengras-Curry-Schaum ggf. nochmals erwärmen, ideal sind ca. 65 °C. Mit dem Pürierstab aufschäumen, vorsichtig den Schaum von oben her abschöpfen und an das Lamm geben.

Zum Lamm serviere ich gerne junge Kartoffeln, die ich in der Schale mit etwas Salz koche. Eine Variante sind die köstlichen „Patate al sale": Kartoffeln mit Salzwasser bedecken und kochen, bis das Wasser verdampft ist.

Geschmorte Lammhaxen

6 PORTIONEN

ZUTATEN

6 Lammhaxen
40 ml Olivenöl
1 gr. Zwiebel
150 g Wurzelgemüsewürfel (Karotte,
Sellerie und Lauch, Fenchel, je nach
Verfügbarkeit)
4–6 Knoblauchzehen
60 g Tomatenmark
150 g Tomatenwürfel
Salz
einige Pfefferkörner
5 Wacholderbeeren
5 Lorbeerblätter
250 ml kräftiger Rotwein
500 ml Gemüsefond
1 EL fein gehackte Kräuter (Salbei,
Thymian und Rosmarin)

Zubereitung

Lammhaxen in Olivenöl anbraten, in einen kleinen Bräter legen und im Ofen bei 160 °C gut 30 Minuten braten.

Zwiebel grob würfeln. Mit den Wurzelgemüsewürfeln sowie Knoblauch zu den Haxerln geben und mit etwas Olivenöl beträufeln. Nochmals 30 Minuten braten. Gelegentlich prüfen, ob die Hitze nicht zu hoch ist, das Gemüse sollte schön „schwitzen", aber nicht zu dunkel werden. Das ist dann auch die ideale Temperatur für das Fleisch. Tomatenmark in den Bräter geben und ein paar Minuten mitrösten lassen, dann die Tomatenwürfel, die Gewürze und den Rotwein beigeben. Hitze auf 140 °C reduzieren und nochmals ca. 30 Minuten schmoren lassen, dabei immer wieder etwas Fond über die Haxerl gießen. Die Hitze ggf. nochmals reduzieren. Die gesamte Brat- und Schmorzeit beträgt gute 1,5–2 Stunden. Mit frischen Kräutern bestreut servieren.

Ob das Fleisch gar ist, kann leicht geprüft werden: Beim Einstechen mit einem spitzen, kleinen Messers oder einer Fleischgabel soll klarer Saft austreten.

Kaninchen in Rotwein mit Lauch & Linsen

6 PORTIONEN

ZUTATEN

Für das Kaninchen:

1 Flasche kräftiger Rotwein

2 Lorbeerblätter

Pfefferkörner

Salz

Kräuter (Estragon, Kerbel, Liebstöckel, Petersilie)

12 Kaninchenfilets

80 g kalte Butter

Für den Lauch:

2 Stangen Lauch

2 EL Olivenöl

Für die Linsen:

einige Karotten-, Sellerie-, Zwiebelwürfelchen (optional, je nach Verfügbarkeit)

50 g Butter

½ TL Currypulver

200 g über Nacht eingeweichte grüne Berglinsen

125 ml Weißwein

evtl etwas Gemüsefond (S. 186)

etwas Sahne

Salz, Pfeffer

Zubereitung

Rotwein mit den Gewürzen und Kräutern aufkochen. Kaninchenfilets darin knapp am Siedepunkt je nach Größe 3–5 Minuten pochieren. Lauch schräg in ca. 1 cm starke Scheiben schneiden. In Olivenöl anbraten, bis er weich ist und schöne Farbe angenommen hat. Gemüsewürfelchen in Butter anschwitzen, mit Curry stäuben, abgegossene Linsen beigeben. Mit Weißwein und, wenn nötig, Gemüsefond auffüllen und ca. 15 Minuten köcheln lassen. Am Schluss die Sahne hinzufügen und mit Salz und Pfeffer abschmecken. Für die Sauce 150 ml vom Kochrotwein in einem mittelgroßen Topf einreduzieren, bis der Topfboden nur noch leicht bedeckt ist. Mit kalter Butter montieren, nicht mehr kochen lassen, sofort von der Hitze nehmen.

Wenn ich spontan Linsen kochen möchte, ohne sie vorher eingeweicht zu haben, blanchiere ich sie kurz vor dem Kochen.

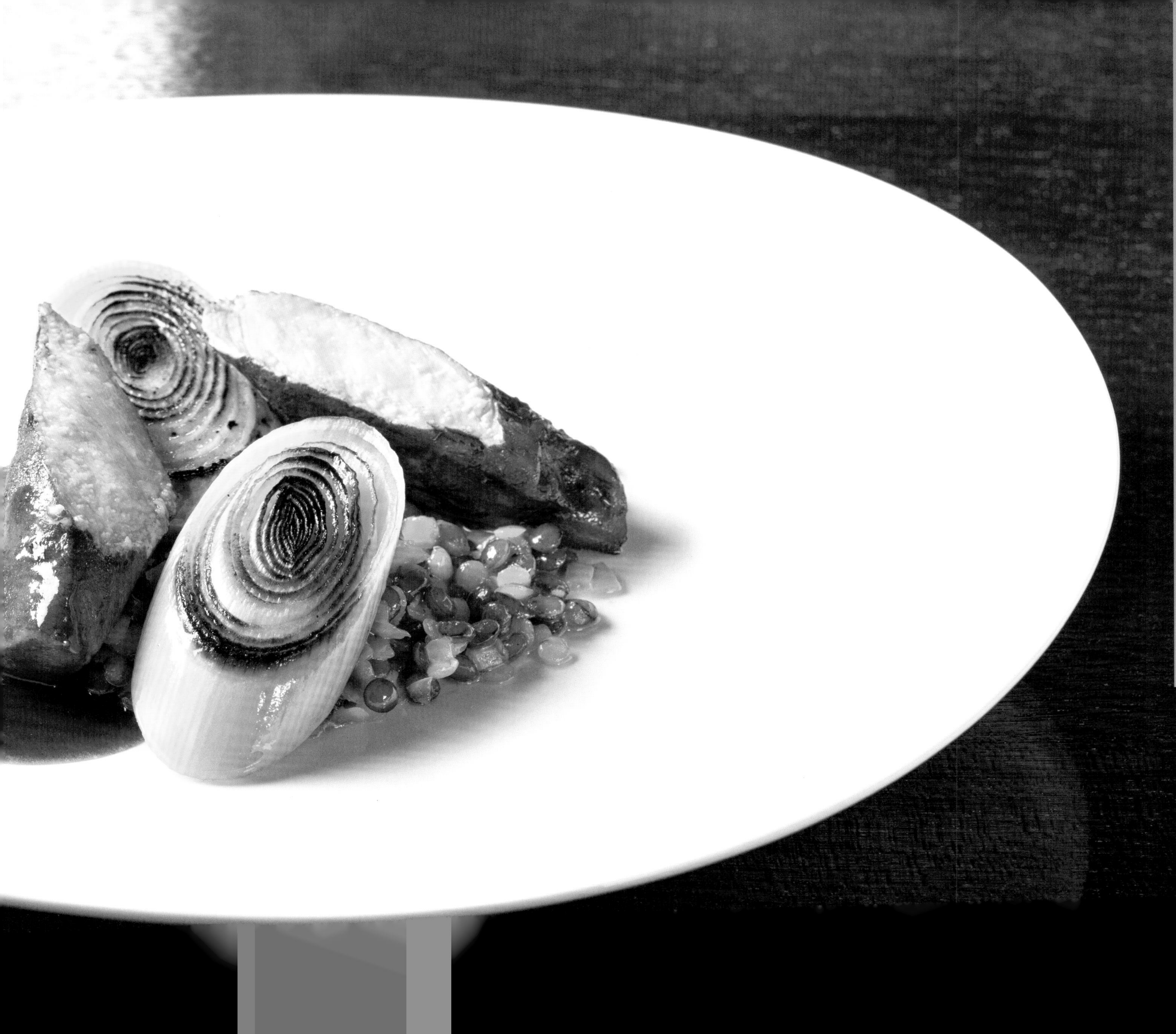

Die ursprünglich aus der Lombardei stammende Gremolata ist ein absolutes Muss zu Ossobuco. Die Mischung kann vielseitig variiert werden, z.B. mit Orangenschale, Anchovis, Salbei, Thymian, Peperoncini oder Parmesan. Sie ist ideal, um Fisch- und Fleischgerichte subtil zu verfeinern.

Ossobuco ist eine der großen Spezialitäten der italienischen Küche. Es wird aus in Scheiben geschnittenen Hinterhaxen von Milchkälbern zubereitet, die in gut gewürzter Brühe so weich braisiert werden, dass man sie mit der Gabel (ohne Messer) essen kann. Der Name bedeutet »Knochen mit einem Loch«, denn die Scheiben zeigen den Querschnitt der Haxe: einen Fleischring um einen mit Mark gefüllten Knochen. Dieses Mark gibt Ossobuco seinen unnachahmlichen Geschmack. Zu meiner Zeit in Harrys Bar wurde dieses zeitaufwändige Gericht nur sonntags angeboten. Die Gäste – unter ihnen viele angesehene Venezianer – schätzten es außerordentlich. Es lohnt sich nach wie vor, an einem Sonntagmittag in Venedig Ossobuco mit herrlichem Risotto Milanese zu genießen und dabei auf das Bacino San Marco zu schauen.

Ossobuco mit Gremolata

8 PORTIONEN

ZUTATEN

3 Stangen Sellerie

2 kl. Karotten

1 gr. Zwiebel

110 g Champignons

125 ml Olivenöl

8 schöne Kalbshaxen-Scheiben mit Knochen

Salz

Pfeffer

Mehl zum Bestäuben

125 ml trockener Rotwein

300 g gewürfelte Dosen-Tomaten

ca. 1 l heißer Gemüsefond (S. 186)

1 Zweig Rosmarin

einige Zweige Thymian

3 Lorbeerblätter

Für die Gremolata:

2 EL fein geschnittene Blattpetersilie

1 EL gehackter Rosmarin

1 gehackte kleine Knoblauchzehe

1 TL fein gehackte Zitronenschale

Zubereitung

Sellerie fein schneiden, Karotten und Zwiebel fein würfeln, Champignons fein hacken. In einem großen Bräter, der das Fleisch in einer Schicht fasst, die Hälfte des Olivenöls auf mittlerer Flamme erhitzen. Die Fleischscheiben mit Salz und Pfeffer würzen. In Mehl wenden, überschüssiges Mehl abschütteln. Das Fleisch in einer Schicht ins heiße Öl legen und bei mittlerer Hitze in 10–15 Minuten von beiden Seiten anbräunen. Herausnehmen und zur Seite stellen.

Das Bratöl aus dem Topf schütten. Restliches Öl in den Topf geben und auf mittlerer Flamme erhitzen. Gemüse- und Zwiebelwürfel mit den gehackten Pilzen anrösten. Mit Wein ablöschen, Tomaten und 500 ml heiße Brühe dazugeben. Fleischscheiben zurück in den Bräter legen und mit der Sauce überziehen. Falls das Fleisch nicht ganz mit Flüssigkeit bedeckt ist, noch etwas heiße Brühe zugießen. Kräuter und Lorbeer dazugeben. Nach dem Aufkochen der Flüssigkeit die Hitze reduzieren und das Fleisch mit Alufolie abdecken. Bei 160 °C im Ofen 2–2 ½ Stunden schmoren, bis das Fleisch schön weich ist.

Für die Gremolata Kräuter mit Knoblauch und Zitronenschale vermengen. Über das fertiggebratene Fleisch streuen – erst dann werden die geschmorten Kalbshaxen-Scheiben zu Ossobuco.

Wenn man mehr als 1 l Brühe benötigt, ist der Topf zu groß, und man sollte alles in einen kleineren Topf umfüllen.

Lackierter Schweinebauch mit Polenta

150 ml Ketchup

1 EL Worcestershire-Sauce

½ TL Curry

3 zerdrückte Knoblauchzehen

2 EL Balsamico

1 Lorbeerblatt

einige Thymianzweige

Chilipulver nach Geschmack

ZUTATEN:

Für den Schweinebauch:

200 g Wurzelgemüse

1 l Wasser

50 ml Weißweinessig

150 ml Weißwein

1 kg Schweinebauch am Stück

Salz

Lorbeer

Fenchelsamen

Pfefferkörner

Für die Polenta-Ecken:

300 ml Gemüsefond (S. 186)

200 ml Sahne

50 g Butter

1 Rosmarinzweig

Salz

Pfeffer

Muskat

120 g Polentagrieß

Mehl zum Wenden

Butterschmalz zum Braten

Für die BBQ-Sauce:

150 g Zucker

Zubereitung:

Gemüse grob schneiden. Wasser, Weinessig und Wein mit Fleisch, Gemüse und Gewürzen aufsetzen, Fleisch ca. 100 Minuten weichkochen. Abkühlen lassen.

Gemüsefond, Sahne, Butter und Rosmarin aufkochen, mit Salz, Pfeffer und Muskat abschmecken. Polentagrieß unter ständigem Rühren einrieseln lassen und zu einer festen Masse rühren. Masse fingerdick auf ein mit Klarsichtfolie ausgelegtes Blech streichen, auskühlen lassen. Gewünschte Formen ausstechen oder schneiden.

Zucker karamellisieren, mit Ketchup ablöschen und dann die anderen Zutaten für die Sauce dazugeben. Auf milder Hitze verköcheln lassen, bis keine harten Karamellstücke mehr in der Sauce sind. Lorbeer und Thymian aus der Sauce nehmen, mit Chili abschmecken.

Fleisch in Scheiben schneiden, mit der Sauce bepinseln. 5–8 Minuten bei 220 °C im Ofen „lackieren".

Parallel die Polenta in Mehl wenden, gut abklopfen und in Butterschmalz goldbraun braten.

Der Schweinebauch kann gut am Vortag gekocht werden, auch die Polenta-Ecken können am Vortag zubereitet und dann kurz vor dem Servieren angebraten werden.

Rosa gebratene Entenbrust mit Rhabarber

Zutaten:

3 Entenbrüste

gehackte Kräuter (Rosmarin, Thymian, Salbei, auch gemischt)

Salz

Pfeffer

80 g Butterschmalz oder Öl zum Braten

500 g Rhabarber

100 ml kräftiger Rotwein

Zimtstange

3–4 Nelken

50 ml roter Portwein

2 EL Honig

Zubereitung:

Entenbrüste entsehnen, zuputzen und einschneiden. Auf der Haut anbraten, mit den Kräutern bestreuen, würzen, wenden und in Butterschmalz oder Öl auf der Fleischseite anbraten. Abschließend im Ofen bei 220 °C ca. 10–12 Minuten fertigbraten.

Schale der Rhabarberstangen abziehen. Rhabarber in fingerdicke Stücke schneiden und beiseitestellen. Rotwein und Gewürze aufkochen und über den Rhabarber gießen, zugedeckt ziehen lassen. Den Vorgang je nach Größe der Rhabarberstücke bis zu 3 Mal wiederholen, bis sie weich sind, aber doch noch etwas Biss haben. Portwein mit der Flüssigkeit vom Rhabarber und Honig einreduzieren. Rhabarberstücke darin schwenken.

Entenbrust so dünn wie möglich aufschneiden und auf dem Rhabarber anrichten.

Diese etwas eigenwillige, aber sehr aparte Kreation lässt wenig neben sich zu. Als Sauce dient der fruchtige, süß-säuerliche Rhabarber-Portwein-Saft. Was fehlt, ist eine Sättigungsbeilage, die dezent sein sollte. Kartoffel-Gratin ist meine erste Wahl, alternativ Sellerie- bzw. Fenchelpüree.

Süßes
Finale

Buttermilch-Limetten-Mousse

Diese Mousse ist nicht sehr fest und eignet sich daher gut zum Einfüllen in Förmchen, z.B. Schokotränen oder dekorative Schälchen und Gläser.

8–12 SCHÄLCHEN ODER GLÄSER

ZUTATEN
2 Limetten
4 Eiweiß
40 g Zucker
500 ml Sahne
500 ml Buttermilch
100 g Puderzucker
5 Bl. Gelatine (oder 5 g Agar-Agar)

Zubereitung

Limettenschale dünn abschälen und in feine Streifen (Zesten) schneiden, Limetten auspressen. Eiweiß mit Zucker schlagen, Sahne ebenfalls schlagen.

Buttermilch mit Puderzucker, Zesten und Limettensaft glattrühren. Wenig von der Flüssigkeit in einer Sauteuse erwärmen. Gelatine in kaltem Wasser einweichen und in der erwärmten Mischung auflösen. Restliche Flüssigkeit nach und nach in die mit Gelatine versetzte Buttermilchmischung einrühren. Geschlagene Sahne und Eischnee vorsichtig unterheben, einfüllen und für mindesten 3 Stunden kaltstellen.

Beeren-Trifle

4 PORTIONEN

ZUTATEN

100 g Mascarpone

60 g Puderzucker

1 Pkg. Vanillezucker

50 g Naturjoghurt

100 ml Sahne

20 Löffelbiskuits

120 ml Limoncello

50 g Puderzucker

80 g Erdbeeren

80 g Himbeeren

80 g Heidelbeeren

80 g geriebene Bitterschokolade

1 Bd. Minze

Zubereitung

Für die Creme Mascarpone mit Puderzucker und Vanillezucker cremig schlagen, mit Joghurt mischen und die steif geschlagene Sahne unterziehen. So viele Löffelbiskuits in eine große Form oder in mehrere kleine Förmchen legen, dass der Boden bedeckt ist (ggf. in passende kleinere Stücke zerbrechen).

Satt mit Limoncello tränken. Einige leicht angezuckerte Beeren darüber verteilen und mit der Creme bedecken. Restliche Löffelbiskuits darauflegen, mit Creme bestreichen, mit Beeren belegen, mit der geriebenen Bitterschokolade und Minze garnieren.

Balsamico-Feigen

6 PORTIONEN

ZUTATEN
6 Feigen
3 EL Zucker
30 ml Balsamico (gute Qualität)

Zubereitung

Feigen mit kaltem Wasser abspülen und mit Küchenpapier abreiben. Quer halbieren. In einer passenden Pfanne Zucker gleichmäßig verteilen und karamellisieren (geht anfangs langsam, doch sobald der Zucker an einer Stelle bräunt, geht es plötzlich schnell). Feigen mit der Schnittstelle nach unten in den heißen Karamell legen, kurz schwenken und mit dem Balsamico ablöschen.

Bei milder Hitze etwas reduzieren. Feigen im Karamell-Balsamico-Gemisch einige Male wenden, dabei den Saft einköcheln, sodass er nach dem Abkühlen leicht sirupartig wird. Sollte das zu lange dauern (passiert, wenn der Balsamico jung ist) Früchte herausnehmen, Saft reduzieren und die Früchte erst zum Schluss übergießen.

Reife Feigen neigen dazu, bei zu langer Hitzeeinwirkung matschig zu werden. Deshalb beim Kauf auf reife, aber robuste und unversehrte Früchte achten.

Blaubeer-Cheesecake

6–8 PORTIONEN (STÜCK)

ZUTATEN

Für den Boden:

200 g Haferkekse

125 g Butter

Für die Cheesecake-Masse:

600 g Frischkäse

200 g Crème fraîche

120 g Zucker

6 Eier

Zitronenschalenabrieb

1 Msp. Vanillemark oder 1 TL Vanillezucker

200 g Blaubeeren

Zubereitung

Kekse zerkrümeln, mit der lauwarmen Butter zu einer modellierbaren Masse verkneten. Boden einer Springform mit Papier auslegen, Keksboden gleichmäßig verteilen und andrücken.

Alle Zutaten für die Cheesecake-Masse in eine Schüssel geben und mixen. Beeren auf dem Keksboden verteilen und die Masse in die Form gießen. Bei 150 °C ca. 30 Minuten backen.

Optional kann man – sozusagen als High-End-Variante – den Kuchen noch mit einem Frucht-Gelee-Spiegel abdecken. Dazu 50 ml Weißwein, 250 g Beerenpüree, 60 g Zucker und 1 TL Agar-Agar aufkochen und 1 Minute köcheln lassen. Abkühlen lassen und über den ausgekühlten Kuchen gießen. Kaltstellen, bis das Gelee schnittfest wird.
Das Gelee idealerweise den Früchten im Kuchen anpassen – muss aber nicht sein. Warum nicht einen Mango-Cheesecake mit Blaubeer-Topping?

Dieser Cheesecake schmeckt auch genial mit Pfirsichen, Aprikosen oder Nektarinen. Auch Orangenfilets oder Mangostücke machen sich sehr gut.

Birnen-Tarte-Tatin

CA. 6 PORTIONEN

ZUTATEN
2 reife, feste Birnen
100 g Zucker
1 Prise Zimt
1 EL Rum
50 g Butter
1 Rolle Blätterteig (ca. 270 g)
50 g Rohmarzipan

Beim Stürzen verrutschen die
Birnenspalten leider gerne.
Macht nichts – einfach wieder
zurechtrücken.

Zubereitung

Birnen halbieren und das Kerngehäuse entfernen,
Birnen in feine Spalten schneiden und mit 20 g
Zucker, Zimt und Rum marinieren.

Den restlichen Zucker in einer großen ofenfesten
Pfanne karamellisieren. Butter dazugeben und
die Birnenspalten in der Karamell-Butter-Mi-
schung schwenken. Schön fächerförmig in der
Pfanne anrichten.

Blätterteig in der Größe der Pfanne rund aus-
schneiden und mit dünnen Plättchen Rohmarzipan gelegen. Mit Klarsichtfolie abdecken und
die Rohmarzipanmasse auf dem Teig vorsichtig
mit ganz wenig Druck ausrollen. Es geht nur
darum, dass eine dünne Marzipanschicht auf dem
Blätterteig ist, der Teig selbst sollte dabei nicht
dünner werden.

Teig mit der Marzipanseite auf die Birnenspalten
in der Pfanne legen. Im Ofen bei 200 °C backen,
bis der Blätterteig fertig gebacken ist (Packungs-
angabe beachten).

Tarte leicht abkühlen lassen, dann auf einen
Teller stürzen: Teller auf die Tarte legen, festhal-
ten und die Pfanne mit Schwung wenden. Tarte
mindestens 1 Stunde ruhen lassen, bevor sie in
ca. 6 Stücke zerteilt wird.

**Marzipan- oder Vanille-Eis passt geschmack-
lich perfekt dazu.**

Ananas-Vanille-Spieß mit Orangen-Amaretto-Sauce

ZUTATEN

Für das Kokos-Sorbet:
600 ml Kokosmilch
100 ml Batida de Coco
150 g Zucker
200 ml Milch

Für die Orangen-Amaretto-Sauce:
750 ml frisch gepresster, passierter
Orangensaft
180 g Zucker
Mark von 3 Vanilleschoten
40 ml Amaretto

Für die Ananas-Spieße:
1 Ananas
3 ausgekratzte Vanilleschoten
(von der Sauce)
200 ml Milch

Zubereitung

Für das Sorbet alle Zutaten mischen und in einer flachen Schüssel im Tiefkühler anfrieren lassen. Idealerweise die Schälchen, in denen das Sorbet serviert wird, auch tiefkühlen. Die entstandene dünne Eisschicht mit einem Schneebesen kurz verrühren und wiederum frieren lassen. Mindestens 5–6 Mal wiederholen.

Für die Sauce Orangensaft mit Zucker und dem ausgestreiften Vanillemark zu sirupähnlicher Konsistenz einkochen. Amaretto zugießen, weiter reduzieren, bis die Flüssigkeit eine Konsistenz wie dünner Honig hat.

Ananas mit einem scharfen Messer abschälen. Der Länge nach halbieren, vierteln, das holzige Mark entfernen. Die so entstandenen 4 länglichen Stücke quer in ca. 2 cm dicke Scheiben schneiden. Mit einem Metallspieß vorstechen, 3 Ananasstücke mit je ½ ausgekratzten Vanilleschote aufspießen. Bei mittlerer Hitze grillen, bis die Ananasstücke eine leicht bräunliche Färbung haben. Auf einer vorgewärmten Platte anrichten, mit der Sauce überziehen, Sorbet dazu servieren.

Diese Variante des ursprünglich italienischen Desserts (panna cotta = gekochte Sahne) passt hervorragend zu exotischen Früchten, aber auch zu Schokolade. Für das Foto habe ich sie mit Rotwein-Schokoladen-Sauce angerichtet: Bitterschokolade grob hacken, ca. die gleiche Menge Rotwein dazugeben und unter leichtem Rühren auf kleiner Flamme schmelzen. Ist die Sauce zu dick, etwas Rotwein dazugeben, andernfalls etwas Schokolade.

Vegane Kokos-Pannacotta

6 MITTLERE FÖRMCHEN

ZUTATEN

1 g Agar-Agar-Pulver

30 g Zucker

5 g Kokosraspeln

250 ml Kokosmilch

½ Vanilleschote

20 ml Batida de Coco

Zubereitung

Agar-Agar, Zucker und Kokosraspeln in einer Schüssel vermischen. Kalte Kokosmilch in einen Topf geben, die Agar-Agar-Mischung langsam in die Milch einrieseln lassen und umrühren. Vanilleschote der Länge nach aufschneiden und das Mark mit einem kleinen Messer herausschaben. Das Mark, die Schote selbst und Batida de Coco zur Mischung geben und gemeinsam aufkochen. Für 1 Minute kochen lassen.

Gläser oder Förmchen kalt ausspülen, Kokos-Pannacotta in die Gläser füllen und ca. 10 Minuten auskühlen lassen. Anschließend für ca. 1 Stunde abgedeckt in den Kühlschrank geben.

Crème brûlée

6–8 FÖRMCHEN ODER SCHALEN

ZUTATEN

5 Eigelb

100 g Zucker

200 ml Milch

400 ml Sahne

150 g brauner Rohrzucker

Aromen nach Wahl (z.B. 1 EL leicht zerklopfte Tonka-Bohnen, 2 EL ganze Kaffee-Bohnen, je 2–3 Zweige Rosmarin, Thymian oder Lavendel, 2 EL Pistazienmark, 2 EL Cassismark oder 2 der Länge nach aufgeschlitzte und ausgeschabte Vanilleschoten mit ihrem Mark)

Zubereitung

Eigelb mit einem Drittel des Zuckers glattrühren. Milch, Sahne, restlichen Zucker und Aromen aufkochen, mit der Ei-Eigelb-Masse vermischen und ziehen lassen, bis das Aroma die gewünschte Intensität erreicht hat. Absieben, den Schaum abschöpfen und die Masse in Förmchen füllen. Im Wasserbad bei 110 °C Ofentemperatur ca. 35–40 Minuten stocken lassen.

Im Kühlschrank auskühlen lassen, mit braunem Rohrzucker bestreuen und mit dem Bunsenbrenner abflämmen, bis sich eine schöne Karamellschicht gebildet hat.

Ich verwende eher größere, flache Schalen, denn je größer die Oberfläche ist, desto mehr knuspriges Karamell entsteht.

Torrone-Parfait

6–8 PORTIONEN

ZUTATEN
200 ml Milch
2 EL Zucker
1 Vanilleschote
Abrieb und Saft von ½ Bio-Orange
350 ml Sahne
4 Eigelb
150 g Torrone (oder weicher türkischer Honig)

Zubereitung

Milch, 1 EL Zucker, Vanilleschote mit dem zuvor ausgekratzten Mark sowie Orangenabrieb aufkochen und kaltstellen. Die Sahne fast steif schlagen und ebenfalls kaltstellen. Eigelb mit Orangensaft und 1 EL Zucker über Dampf cremig schlagen. Die Orangen-Vanille-Milch dazugeben und mit einer Gummispachtel abziehen, d.h. die Masse so lange verrühren, bis sie andickt. Dabei immer die Masse ganzflächig von der Rührschüssel streifen. Wird eine Stelle stiefmütterlich behandelt, klebt die Masse an und stockt. Auf Eiswasser kaltrühren.

Den Torrone würfelig schneiden, dazugeben und die geschlagene Sahne unterheben. Eine Terrinenform mit Wasser auspinseln, Masse einfüllen und tiefkühlen.

169

Orangen-Törtchen

6–8 TARTELETTES

ZUTATEN

Für den Teig:

250 g Mehl

125 g kalte Butter

100 g Zucker

1 Ei

Prise Salz

Linsen zum Blindbacken

Für die Orangenmasse:

2 Eier

2 Eigelb

150 g Puderzucker

50 g Crème fraîche

Saft von 2 Orangen

etwas abgeriebene Orangenschale

Zubereitung

Für den Teig Mehl, Butter und Zucker zwischen den Händen krümelig reiben. Mit dem Knethaken das Ei kurz unterarbeiten. Teig auf einer bemehlten Arbeitsplatte mit den Händen kurz glatt kneten. In Frischhaltefolie wickeln und bis zur Verwendung kaltstellen.

Für die Orangenmasse Eier, Eigelb und Puderzucker über Dampf schaumig schlagen, Orangensaft und Abrieb unterrühren und über Dampf mit einer Gummispachtel abziehen, d.h. so lange verrühren, bis die Masse andickt. Dabei immer die Masse ganzflächig von der Rührschüssel streifen. Wird eine Stelle stiefmütterlich behandelt, klebt die Masse an und stockt. Auf Eiswasser kaltrühren. Crème fraîche unterheben und die Masse etwas ruhen lassen.

Den Teig je nach Größe der Förmchen in 6–8 Stücke teilen und auf die Größe der Förmchen passend ausrollen. Förmchen mit Butter fetten. Teigboden mit einer Gabel etwas einstechen, mit Linsen bedecken und die Tartelettes bei 175 °C im Ofen ca. 10–12 Minuten „blind" backen.

Förmchen aus dem Ofen nehmen, die Linsen vorsichtig entfernen und dann die Orangenmasse einfüllen. Törtchen in knapp 20 Minuten fertigbacken.

Als Garnitur eignen sich z.B. kandierte Orangen oder knusprige, in Zuckerwasser getauchte und getrocknete Orangenscheiben.

Schaum-Eis
mit Früchten

ZUTATEN
Zucker
Wasser
Frucht- oder Beerenpüree
Sahne

Mit diesem Rezept steht immer rasch herrlich cremiges und fruchtiges Eis zur Verfügung! Es stammt aus dem unglaublichen Fundus von Meister Escoffier und ist deutlich älter als 100 Jahre. Mengenangaben sind überflüssig, entscheidend ist das Verhältnis der Komponenten zueinander. Für 6–8 Portionen genügt als Ausgangsmenge ca. 100 g Frucht- oder Beerenpüree.

Zubereitung

Die Basis für dieses Eis ist Läuterzucker. Dafür 3 Teile Zucker mit 1,5 Teilen Wasser in einem Topf unter ständigem Rühren auflösen und aufkochen, bis die Flüssigkeit klar wird und der Zucker vollständig aufgelöst ist.

Erkalteten Läuterzucker 1:1 mit Frucht- oder Beerenpüree vermengen. So viel Sahne, wie die Zucker-Frucht-Mischung wiegt, steif schlagen und unterziehen. In kleinen Förmchen oder als Terrine zum Stürzen und Aufschneiden gefrieren.

Läuterzucker ist lange haltbar und es schadet nie, einen kleinen Vorrat zu haben. Er wird vor allem zum Süßen von Cocktails, bei der Pralinenherstellung und in der Patisserie verwendet. Für das Eis verwendet man eine etwas höhere Konzentration, üblich sind 2:1. Wenn die Flüssigkeit weiter eingekocht würde, verdampft immer mehr Wasser und die Temperatur steigt an, bis sich am Ende Karamell bildet.

Zitrusfrüchte-Ragout

6–8 PORTIONEN

ZUTATEN
2 Orangen
1 Grapefruit
1 Handvoll Kumquats
3 Mandarinen
150 g Zucker
150 ml Orangensaft
½ Pkg. Vanillezucker
30 g Stärke
30 ml Grand Marnier

Zubereitung

Von den Orangen etwas von der Schale – ohne die weiße Innenhaut – abschneiden und fein in Streifen schneiden. Orangen und Grapefruit filetieren. Dazu mit einem scharfen Messer die Schale so abschneiden, dass die weiße Innenhaut vollständig entfernt wird. Dann die Spalten herausschneiden.

Kumquats in Scheiben schneiden, die Kerne entfernen und die Kumquats heiß abwaschen. Mandarinen schälen und in Spalten brechen, dabei darauf achten, dass die weiße Innenhaut so gut wie möglich entfernt wird.

Zucker karamellisieren, die Früchte dazugeben und mit dem Saft aufgießen. Mit Vanillezucker aromatisieren. Die Stärke in Grand Marnier auflösen, Saft damit eindicken. Das noch heiße Ragout in Gläser füllen.

Eine schöne Möglichkeit, aus einzelnen Zitrusfrüchten eine feine Beilage zu Parfait und Schaumeis zu zaubern. Das Ragout kann ganz nach Belieben auch nur aus einem Teil der Früchte gemacht werden.

Beste

Reste

AUSGE-KOCHT!

„Ausgekocht" bedeutet für mich nicht nur schlau mit Resten umzugehen, sondern auch, nach einem Törn nicht einen übervollen Kühlschrank zu haben und den Inhalt entsorgen zu müssen. Es lohnt sich, sich damit zu befassen, denn Ressourcenmanagement ist auf dem Schiff mehr als nur ein Schlagwort. Es beginnt schon beim Platz. Jeder Kubikzentimeter Raum wird optimal genutzt, Gewicht wird optimiert, hochwertige Materialien werden verarbeitet. Das ist in der Pantry nicht anders. Kochen auf dem Schiff ist auch, und vor allem, eine Frage der Organisation.

Einen guten Koch zeichnen nicht nur die Qualität der Speisen und die Kreativität aus. Es ist auch unabdingbar, Lebensmittel zu achten und ihnen alles abzugewinnen, was sinnvoll ist. Gleichzeitig soll die Küche varianten- und abwechslungsreich sein. Deshalb habe ich mir überlegt, von welchen Lebensmitteln bei der Zubereitung der Rezepte in diesem Buch etwas übrigbleiben könnte. Sei es eine Artischocke, ein Stückchen Feta, ein paar Blätter Spinat.

Zeit macht aus einer wertvollen Zutat leider ganz schnell Abfall. Da ist Spontaneität gefragt! Deshalb findet sich im Folgenden eine Sammlung von Zutaten, die oft übrigbleiben, und Ideen bzw. Vorschläge, wie mit etwas Kreativität daraus kleine Köstlichkeiten werden.

A

Ananas
Schaumeis aus Früchten (S. 172), klein gewürfelt in Salaten.

Artischocken
Gehobelt auf Pizza, gebraten zu Fisch und Salaten. Oder eingelegt: Artischocken wie auf S. 54/55 beschrieben putzen, in einem Sud aus Weißwein, Wasser, Salz, Pfefferkörnern, Lorbeer und, wenn vorhanden, grob geschnittenem Wurzelgemüse und Zwiebeln ca. 30 Minuten leise köcheln lassen. In verschließbare Gläser füllen und etwas Olivenöl darübergießen. Gut verschließen. So halten sie gut zwei Wochen und sind köstlich als Antipasti, zu Salat und Fisch.

Auberginen

In Scheiben schneiden, salzen. Dann einfach in Olivenöl (als Beilage zu Fleisch und Fisch) anbraten oder in Backteig herausbacken.

Avocado

Mit Joghurt, Mayonnaise, etwas Knoblauch, Zitrone und Salz zu einem Dip mixen. Wenn die Avocados zu hart sind, einfach in etwas Olivenöl anbraten. So schmecken sie nussig und aromatisch.

B

Basilikum

Basilikum wird oft in großen Bündeln angeboten. Sofort einen Teil waschen, gut ab-

tropfen und mit Olivenöl und etwas Meersalz zu Basilikumöl mixen (verwende ich gerne für Fisch und Salate). Mit etwas geriebenem Parmesan und Pinienkernen zusätzlich entsteht ein herrliches Pesto alla genovese. Berühmt sind Penne oder Spaghetti alla genovese – dieses ebenso einfache wie köstliche Pesto passt aber praktisch zu jeder Pasta. Auf dem Bild links habe ich Basilikum, Petersilie, etwas Knoblauch und einen Zweig Minze zu einer herrlichen Salsa verde gemixt und aromatisiere damit Hühnerbrust.

Beeren

Für Schaumeis (S. 172) verwenden oder größere Mengen mit 75% der Ausgangsmenge an Zucker zu selbstgemachter Marmelade verarbeiten.

Beurre blanc

Passt vor allem zu allen weißen, insbesondere mageren Fischen. Ich nehme sie gerne auch als Basis für ein Fischragout, in das Fischstücke, blanchiertes Gemüse und Kräuter hervorragend passen. Mit Pasta oder Reis servieren.

C

Chilli-Knoblauch-Öl

Es lohnt sich, immer ein Gläschen davon bereit zu haben. Verleiht durch Schärfe und den intensiven Knoblauch-Geschmack vielen Gerichten den letzten „Pfiff". Kann natürlich auch ohne Knoblauch zubereitet werden.

Chorizo

Auf Pizza, aber auch fein gewürfelt in Schmorgerichten (z.B. Lammhaxen) wirkt diese köstliche Wurst als Geschmacksverstärker.

E

Entenbrust, gebraten

Kalt aufgeschnitten als Antipasti oder zu Salaten. Gerne auch mit Couscous und Taboulé kombinieren.

F

Feigen

Im Grunde haben Feigen einen sehr dezenten Geschmack und diesen auch nur dann, wenn sie schön reif sind. Ich verwende sie deshalb gerne zur Abrundung in Salaten, vor allem in Kombination mit hellem Fleisch oder Käse.

Fenchel

Fenchel kann wie Sellerie in Suppen und als Bestandteil von Wurzelgemüse verwendet werden. Größere Mengen mit Butter und etwas Weißwein zugedeckt weich dünsten. Dann mixen und passieren. Dieses Püree passt sehr gut als Beilage zu Fisch, hellem Fleisch und Krustentieren.

Feta

Kann sehr vielseitig verwendet werden. Ein Klassiker: Tomate, Gurke, Zwiebel, etwas Öl und Essig wird mit Feta zum griechischen Bauernsalat. Feta zu Taboulé und Couscous ist ein schnelles Lieblingsgericht von mir. Oder aus Dinkel- oder Weizenmehl einen einfachen Crêpeteig machen (Mehl, Ei, Milch in etwa zu gleichen Teilen verrühren), Crêpes braten. Mit gebratenem Gemüse (Paprika, Zucchini, Auberginen, Zwiebel, Fenchel etc.) füllen, Feta darüber bröseln und einschlagen. Im Idealfall noch mit Pesto oder Bärlauchöl beträufeln. Herrlich!

Fischabschnitte und Fischkarkassen

Ich verwende Gräten, Köpfe, den Bart von Seezungen, aber auch die Schwanzenden von Filets. Haut und Flossen kommen in den Müll. Aus allem anderen koche ich mit Wurzelgemüse, Zwiebeln, Kräutern und Zitrone einen Fond. Auch wenn ich Fischsuppe koche, mache ich immer etwas mehr und sichere mir im Tiefkühler einige Becher.

Fischfond und Fischfond tomatisiert:

Wenn ich als Ausgangsmaterial für Fischsuppe, Paella und Risotto für Fischgerichte auf etwas fertigen Fischfond zurückgreifen kann, werden diese Gerichte noch aromatischer. Man sagt so schön: „Alle Köche kochen mit Wasser". Nun, die Besten von uns kochen mit Fonds!
Wenn die Fischer am Nachmittag hereinkommen, lohnt es sich, ein Kistchen mit gemischten Fischen zu kaufen. Grob zerteilt ergeben sie eine herrliche Fischsuppe. Ich koche immer mehr davon, schütte das, was übrigbleibt, durch ein Sieb und bewahren den Fond einige Tage im Kühlschrank auf, für Suppen, zum Aufgießen und für Saucen.

G

Gemüselinsen

Gemüselinsen halten sich sehr gut im Kühlschrank. Für Salate erwärme ich sie leicht, gebe noch etwas milden Essig und Olivenöl dazu, et voilà. Mit etwas Sahne und Currypulver werden sie zu köstlichen Currylinsen. Oder mit ca. dem gleichen Anteil Gemüsefond aufkochen und dann mixen – fertig ist die kräftige Linsencremesuppe.

Grana

Gerieben zu Pasta,, aber auch für Pesto alla genovese, zum Binden von Risotto oder in Stückchen gebrochen als Antipasti. Ein Klassiker ist die Parmesanrahmsauce meines Vaters: Sahne und Weißwein mit einem Stück Butter aufkochen, Schinkenstreifen, gehackte Petersilie, Pfeffer und Muskat beigeben und am Schluss reichlich geriebenen Grana dazugeben. Super für Pasta, aber auch herrlich mit Spätzle oder Spinat-Spätzle. Auf dem Bild habe ich einen Rest von rohen Artischocken in feine Streifen geschnitten, mit frischem Grana, Petersilie, Zitrone und etwas Olivenöl mariniert und als kleinen Snack auf Pane Carasau serviert.

Grüne Paprika

Eine Köstlichkeit aus Kreta: Jemista. Dazu Reis mit Tomatenpüree und Gemüsefond im Verhältnis 1:1,5 vermischen, gehackte Kräuter

(Minze, Petersilie) dazugeben und in ausgehöhlte Paprika und/oder Fleischtomaten füllen. Etwas Tomatensauce angießen und 1 Stunde im Ofen bei 170 °C backen. Klassisch werden zwischen die Paprika und Tomaten Kartoffelspalten gesteckt, um die Lücken zu füllen.

Grüne Tomaten

Relish von grünen Tomaten ist eine wahrhafte Geschmacksbombe zu Gegrilltem: 30 ml Essig, 30 ml Wasser, 40 g Zucker und 1 EL Honig aufkochen, bis die Flüssigkeit sirupartig wird. Tomaten häuten, wenn vorhanden mit gehacktem Koriander und gerne auch etwas gehacktem Chili und Ingwer vermischen. 1 Stunde ziehen lassen und dann mit dem nochmals erhitzten Sirup übergießen. Funktioniert mit allen fleischigen Tomaten, aber auch mit Gurken herrlich.

H

Hühnerbrust

Bei Schmorgerichten ziehe ich die Keulen vor, weil die Bruststücke immer etwas trockener werden. Deshalb hier drei köstliche Möglichkeiten, die Brüste zuzubereiten.
1. Mit einem scharfen Messer eine Tasche schneiden, mit Tomaten, Mozzarella und Basilikum füllen. Mit einem Holzspießchen fixieren, Hühnerbrust scharf anbraten und im Ofen bei 170 °C 12 Minuten braten. Die Füllung kann nach Belieben variiert werden.
2. Die Haut abziehen und das Fleisch in dün-

ne Streifen schneiden. Aus Kokosmilch mit Currypulver, Chili, frischem Koriander und fein geschnittenem Gemüseallerei ein Curry zubereiten und die Hühnerbruststreifen darin in wenigen Minuten gar ziehen lassen. Mit Reis servieren.
3. Gebratene Hühnerbrust ist eine Delikatesse, wenn sie saftig und mit knuspriger Haut auf den Tisch kommt. Leider wird sie oft zu lange gebraten und ist dann strohig und trocken. Das vermeide ich, indem ich wie folgt vorge-

he: Brüste auf der Hautseite bei mittlerer Hitze braten, bis sie goldbraun und knusprig sind (dauert ca. 5 Minuten). Wenden, auf ein Blech setzen und als Beilage z.B. einen Risotto (auf dem Bild Safranrisotto mit Zucchiniblüten und Erbsen) zubereiten. Kurz vor dem Servieren die Brüste für 5–6 Minuten auf mittlerer Stufe im Ofen braten. Mit Salz und Pfeffer würzen und servieren.

Hühnerkarkassen

Ich kaufe immer ganze Hühner und schmore die Keulen oder verwende sie zum Grillen. Für die Brüste gibt es viele Möglichkeiten der Zubereitung (siehe →Hühnerbrust). Die Karkassen mit Gemüse, Kräutern, einigen Pfefferkörnern, Lorbeer und reichlich Wasser aufkochen lassen. Die Hitze reduzieren, ca. 30 Minuten köcheln lassen. Achtung: Im Gegensatz zu einer Rinderbrühe wird eine Geflügelbrühe bei längerem Kochen nicht besser, sondern entwickelt einen leicht seifigen Geschmack. Um die Brühe zu intensiveren, abseihen und einreduzieren. Perfekt für Schmorgerichte und Paella zum Aufgießen, mit Gemüse und Nudeln als kräftige Hühnersuppe oder mit etwas heller Roux (Mehl in Butter angeschwitzt) und Sahne als feine Hühnercremesuppe.

J

Joghurt

Eine paradoxe Resteverwertung. Ich verwende den Rest, um mehr daraus zu machen: 1 Liter Milch auf 90 °C erhitzen, ca. 5 Minuten köcheln lassen und auf ca. 40 °C abkühlen lassen. Mit dem Joghurt-Rest die Milch „impfen", d.h. einfach untermischen. In Gläser füllen und verschließen. Im Ofen auf der kleinsten Stufe (40 °C sollten nicht deutlich überschritten werden, sonst sterben die Kulturen ab) ca. 12 Stunden reifen lassen. Je nach Ausgangsmaterial entsteht wässriger bis cremigfester Jogurt.

K

Kalbfleisch, geschmort

Fein geschnittenes Kalbfleisch mit Mascarpone und Kräutern als Füllung für Sambuseks und Arancini.

Kalbssauce (Schmorflüssigkeit von Ossobuco)

Mit etwas Gemüsefond aufkochen, durch ein Sieb gießen und in Gläser füllen. Fest verschließen, auskühlen lassen und zu Saucen weiterverarbeiten. Z.B.: fein gehackte Schalotten anschwitzen, zerdrückte grüne Pfefferkörner dazugeben und mit der Kalbssauce aufgießen. Mit Sahne verfeinert eine köstliche Pfefferrahmsauce.

Kaninchenfleisch, mariniert

Kann wie Thunfisch aus der Dose verwendet werden. Daher der Name „Tonno die Coniglio".

Kokosmilch

Für ein perfektes Thai-Curry Currypaste mit etwas Palmzucker oder braunem Zucker in neutralem Pflanzenöl kurz bei mittlerer Hitze anrösten. Mit Kokosmilch aufgießen. Mit Zitronengras (auch Kaffir-Limettenblätter sind geeignet), Limette und Chili würzen. Hühnchen- und Schweinefleisch, Pilze, Frühlingslauch, Tomaten, Zucchini und Auberginen als Einlage verwenden – hier kann wirklich sehr vieles verwertet werden. Als Beilage passen Basmati- oder Jasminreis oder Glasnudeln.

Krustentierfond

Perfekt als Geschmacksträger für Paella, Krustentiersuppe und Bouillabaisse. Dafür die Schalen in etwas Butter oder Pflanzenöl anrösten, Wurzelgemüse (Sellerie, Fenchel, Karotte, Zwiebel, Lauch – was vorhanden ist) dazugeben und geduldig bei mittlerer Hitze einige Minuten rösten. Erst dann Tomatenmark dazugeben, nochmals kurz durchrösten, mit Sherry und/oder Weißwein aufgießen, auch ein paar Tropfen trockener Wermut und Pernod machen sich gut. Mit Wasser auffüllen, leicht würzen und den Fond ca. 1 Stunde köcheln lassen. Abseihen und z.B. in leere Mineralwasserflaschen füllen.

L

Lammfleisch, geschmort

Geschmortes Fleisch ist perfekt für gefüllte Pasta (z.B. Ravioli, Angolotti) oder Teigtaschen. Das Fleisch fein hacken, mit ein wenig von der Lammsauce vermischen, mit Kräutern und Mascarpone nach Wunsch abrunden und als Füllung verwenden. Ich vermische diese Masse gerne mit etwas gekochtem Reis und fülle damit Paprika, Auberginen und Zucchini, die ich dann im Ofen brate.

Lammsauce

Siehe → Lammfleisch.

Limetten

Ich liebe den Geschmack und vor allem auch den Geruch von Limetten. Ihre geriebene Schale verfeinert Saucen, Dressings, Cremes und Desserts. Abgeschnittene Schale wird verwendet, um Cocktail-Gläser für Mojito, Caipirinha oder Gimlet zu aromatisieren. Man twistet die Schale, d.h. die Schale zwischen Zeigefinger und Daumen andrücken (das löst die ätherischen Öle) und den Rand des Glases damit einreiben. Riecht betörend!

M

Minze

Für Drinks und Salate wird Minze oft verwendet. Aber auch in Schmorgerichten (vor allem mit Lamm oder Huhn) gibt sie ein herrliches Aroma. Ich liebe auch Minzravioli. Dazu Topfen, frische Minze, etwas Knoblauch, 1 Ei und 2 EL Semmelbrösel vermischen. Diese Masse in Pastateig füllen, das ergibt herrliche Minzravioli oder auch Tortellini. Passen super als Einlage in Suppen oder auch als Beilage zu geschmortem Lamm.

Muschelsud

Ich koche Muscheln in Weißwein immer mit mehr Knoblauch, mehr Weißwein, mehr Olivenöl – einfach mit mehr von allem. Der zusätzliche Sud hilft mir, Suppen, Paella und Risotti zu wahren Aroma-Bomben zu verarbeiten.

O

Orangen

Hier gilt Ähnliches wie für Limetten. Ein kleiner Negroni (Gin, Campari, roter Wermuth zu gleichen Teilen auf viel Eis kurz gerührt) mit getwisteter Orangenschale – ein Traum. Ich verwende die Schalen von biologischen Zit-

rusfrüchten auch in feinste Streifen geschnitten für Gemüse, Eintöpfe, Saucen. Früher herrschte die Meinung, die weiße Zwischen-

haut – das Mesokarp – sei ungenießbar und bitter. Richtig ist, sie besteht aus Ballaststoffen, die sättigend wirken, und enthält darüber hinaus Vitamin C und Bioflavanoide.

P

Pancetta

Knusprig gebraten mit beidseitig gebratenen Eiern auf in Butter gebratenem Toast, wenn vorhanden noch etwas zerdrückte Avocado daraufgeben – fertig ist das beste Frühstück der Welt.

Pilze

Fein gehackt in Füllungen, für Saucen, aber auch gebraten als Antipasti oder Belag für Pizza. Pilze sind echte Alleskönner.

Pinienkerne

Für Salat-Toppings, Pesto und Füllungen.

R

Reis

Zu Risotto und Arancini, aber auch zu Füllungen für Tomaten, Paprika, ausgehöhlte Auberginen und Zucchini verarbeiten.

Rhabarber

Mein Lieblingskuchen ist ein sogenannter „Gleichschwer" (stimmt nicht mehr ganz, ist aber als Eselsbrücke nützlich). Zutaten: 6 Eier, 280 g Butter, 140 g Mehl, 140 g geriebene

Haselnüsse oder Mandeln, 220 g Zucker und Obst für den Belag, z.B. Rhabarber mit etwas Zucker. Zubereitung: Eier trennen. Butter schaumig rühren, dann abwechselnd Eigelb und Zucker beigeben und zu einer hellen, schaumigen Masse rühren. Eiweiß steifschlagen. Mehl, Nüsse und Eischnee abwechselnd unter den Butterabtrieb unterheben. Nur so viel wie nötig verrühren. In eine gebutterte und gemehlte Form geben. Rhabarber schälen, in Stücke schneiden, zuckern und auf der Kuchenmasse verteilen. Ca. 50 Minuten bis 1 Stunde bei 175 °C backen. Dieser Kuchen eignet sich für praktisch alle Obstsorten.

Romanosalat oder auch anderer Salat

Reste von Salatblättern zu Chiffonade schneiden. Damit kann man ohne großen Aufwand Dips, Brötchen, Vorspeisen etc. garnieren.

Rote Rüben
Auch kleine Mengen geben einigen Portionen Risotto nicht nur Farbe, sondern auch Geschmack!

S

Salsiccia
Ein Highlight der italienischen Küche sind Penne mit Salsiccia. Dazu die rohe Wurst aus der Haut drücken, mit Zwiebeln und Knoblauch anbraten, etwas Tomatensauce und gerne auch ein paar schwarze Oliven dazugeben, mit frisch gekochter Pasta vermischen.

Salzzitronen
Am besten geeignet dafür sind unbehandelte Bio-Amalfizitronen. Durch die Fermentation verlieren sie einen Großteil der Bitterstoffe und die Lagerung in Sirup macht sie noch

angenehmer im Geschmack. Für Eintöpfe, Salate, Fisch, Meeresfrüchte, aber auch für Gebäck an Stelle von Zitronenschale.

Scampischalen (Krustentierschalen):
Siehe → Krustentierfond.

Schwarzwurst: (Blutwurst)
Ein herrliches Gericht aus dem Elsass: Apfelspalten karamellisieren und mit Calvados oder Weinbrand ablöschen. Dazu Schwarzwurst in Scheiben anbraten. Mit einem leichten Rotwein und knusprigem Brot eine Köstlichkeit.

Schweinebauch, gekocht
In Eintöpfen mit Wirsing, Lauchzwiebeln, Bohnen, Kichererbsen, Mangold und Spinat finden auch kleine Mengen ihre finale Bestimmung und geben dem Gericht Kraft und Geschmack.

Spinat
Jungen Spinat gebe ich einfach in Salat oder gedünstet und gehackt in Füllungen, z.B. mit Feta und Pinienkernen in Sambuseks.

Stockfisch
Ideal für Eintöpfe und Gröstl. Reste können auch, mit Zwiebeln, Oliven und Kapern kurz angebraten, Bruschetta veredeln.

T

Tapenade
Aus Oliven, Kapern, getrockneten Tomaten, Knoblauch, gebratenen Zwiebeln, Kräutern und Olivenöl eine Paste in beliebigem Mischungsverhältnis herstellen. Ein herrliches Feld, um zu experimentieren!

Tomaten
In der französischen Haute Cuisine als concassée de tomates bekannt: enthäutete, entkernte Tomaten, in Viertel und dann in Würfel geschnitten. Sieht sehr schick aus und eignet sich für Suppen, Salate, Saucen, Paella etc.

V

Vongole-Safran-Sud
Kurz aufkochen lassen, mit kalter Butter montieren, d.h. kalte Butterstücke einrühren, bis die Sauce leicht eindickt. Dabei darf die Sauce

nicht mehr kochen. Eine Traumsauce zu gegrilltem oder gebratenem Fisch. Den Sud kann man aber auch für Paella, Fischsuppen und Pasta verwenden.

W

Weiße Bohnen

Die herrlichen, lauwarmen Bohnen, die auf S. 84 beschrieben sind, habe ich bei da Guido in Siena und später bei Dario in Panzano gegessen.

Z

Ziegenkäse

Mit Olivenöl, Knoblauch und Kräutern auf Bruschetta, kleinere Mengen auch als Füllung in Sambuseks. Oder mit Reis und Fleisch in Gemüse gefüllt. Auch kleinere Mengen Ziegenkäse können einem Gericht eine ganz spezielle Note geben.

Zitronengras

Vor allem in der asiatischen Küche wird Zitronengras gern verwendet. Ich liebe das feine zitronige Aroma, das mich auch an Ingwer, Limette und Bergamotte erinnert. Diese subtilen Geschmacksnoten verlangen viel Fingerspitzengefühl in der Küche, sowohl was Kombinationen als auch was die Dosierung anbelangt. Ich finde Curry einen kongenialen Partner.

Zucchini

Ich kaufe davon immer zu viel ein, deshalb habe ich auch fast immer Zucchini im Kühlschrank. Dünn auf Pizza, im Grillgemüse, ausgehöhlt und gefüllt aus dem Ofen, paniert und gebacken – die Vielseitigkeit dieses Gemüses (eigentlich ist es ja ein Kürbis und damit eine Panzerbeere …) ist auf Grund seines neutralen Geschmackes schier unendlich. Umso mehr lohnt es sich, die subtilen, feinen Noten auszuloten. Genial sind auch die Blüten, z.B. in Backteig frittiert oder in einem Risotto mit Safran.

Tapenade

Ursprünglich war sie als Brotaufstrich gedacht. Ich verfeinere damit aber auch gerne Gegrilltes und Gebratenes – egal ob Fisch oder Fleisch. Die Zubereitung ist denkbar einfach: Alle Zutaten im Mörser zerstoßen oder mit dem Pürierstab mixen. Tapenade wird oft sehr cremig angeboten, ich bevorzuge eine etwas gröbere Struktur. Hier meine Zutatenlisten für grüne, schwarze und rote Tapenade.

GRÜN

200 g grüne Oliven
1 EL Kapern
2 Anchovis
1 Knoblauchzehe
40 ml Olivenöl
Saft und Abrieb von einer
halben Zitrone
etwas gehackte Minze
etwas Fleur de Sel

SCHWARZ

200 g schwarze Oliven
1,5 EL Kapern
4 Anchovis
40 ml Olivenöl
2 Knoblauchzehe
Saft und Abrieb von einer
halben Zitrone
etwas gehackter Majoran
oder Oregano
etwas Fleur de Sel

ROT

200 g getrocknete in
Öl eingelegte Tomaten
1 EL Kapern
1 EL Ajvar
1 Knoblauchzehe
1 TL Zucker
60 ml Olivenöl
1 Chilischote
etwas Fleur de Sel

Zum Ressourcenmanagement auf dem Schiff gehört für mich auch die Arbeit mit wenigen einfachen Grund-rezepten. Tapenade ist eines davon, dazu kommen Mayonnaise, ein viel-fach abwandelbares Dressing und Gemüsefond (s. folgende Seiten).

Basis-Dressing

Ich bereite immer eine Flasche mit „Basis-Dressing" zu. Es enthält alle wichtigen Grundzutaten und kann nach Lust und Laune variiert werden, z.B. mit ein paar Tropfen Walnussöl, etwas Balsamico, nativem Olivenöl etc. So kann ich immer schnell einen Salat auf den Tisch zaubern.

1 Knoblauchzehe mit 1 TL Salz zerdrücken, 1 TL scharfen Senf, etwas Zucker und Pfeffer dazugeben. 125 ml milden Weinessig und 100 ml Wein hinzufügen (der Wein kann ruhig ein Rest sein, und es spielt auch keine Rolle, ob weiß oder rot, das ist weniger eine geschmackliche als eher eine optische Frage). 300 ml neutrales Pflanzenöl dazugeben und gut verrühren. In eine passende Flasche füllen, sie sollte nur zu zwei Dritteln voll sein, damit sich das Dressing vor der Verwendung gut schütteln lässt.

Gemüsefond

Gemüseabschnitte sammeln und mit Wasser und etwas Meersalz daraus einen Gemüsefond kochen. Dazu einfach alles aufkochen und dann bei kleiner Flamme ca. 1 Stunde ziehen lassen. Abseihen, in Flaschen füllen und zum Aufgießen von Suppen, Saucen, Risotti, Paella etc. verwenden.

Vor allem Wurzelgemüse, Zucchini, Zwiebelgewächse, Fenchel, Pilze und Tomaten eignen sich gut dafür. Artischocken, Paprika, Rote Rüben, Zichorien und Auberginen sind vergleichsweise intensiv und/oder enthalten viele Bitterstoffe, sie eignen sich nicht.

Mayonnaise

Mayonnaise ist wohl eine der vielseitigsten kalten Grundsaucen. Die Menge lässt sich leicht abwandeln: Pro Eigelb ca. 80 ml Öl nehmen, z.B.: 2 Eigelb, etwas Dijonsenf, 1 Prise Zucker, ½ TL Salz, etwas Zitronensaft und ein wenig Pfeffer glattrühren. Ca. 160 ml Öl einträufeln lassen, dabei ständig weiterrühren.

Ich mische gern etwas Crème fraîche und Joghurt unter. Hier ein paar Abwandlungen, ausgehend von ca. 200 ml fertiger Mayonnaise (gerne schon mit Joghurt und Crème fraîche verfeinert).

COCKTAILSAUCE (für Krabben und Gamberetti)
Etwas Ketchup, frischen Meerrettich und 2 EL Cognac dazugeben. Wer es gerne scharf mag, würzt mit Cayennepfeffer oder Chili.

CURRY-MAYONNAISE
1 TL scharfes Currypulver und fein geschnittenes Obst wie Äpfel, Ananas, Bananen, Pfirsiche und Aprikosen untermischen.

KLASSISCHE SAUCE TARTARE
Je 1 EL gehackte Kapern, Essiggurken und Petersilie dazumischen.

Mit Safranpulver und Knoblauch entsteht eine köstliche
SAFRAN-AIOLI.

TRÜFFELMAYONNAISE
Schwarze Trüffel fein hacken und mit der fertigen Mayonnaise mischen. Man kann auch noch etwas Trüffelöl dazugeben. Aber Vorsicht! Nur ganz wenig, denn das Öl schmeckt überdosiert etwas plump.

Arancini

ZUTATEN
300 g Reis
Safranpulver
750 ml Gemüsefond (S. 186)
40 g Butter
1 Ei
80 g geriebener Pecorino (oder Parmesan)
Salz
Pfeffer
Muskat
Semmelbrösel und 1 Ei zum Panieren
1 l Pflanzenöl (Raps-, Maiskeim-, Sonnenblumenöl) zum Frittieren

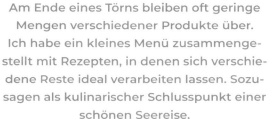

Am Ende eines Törns bleiben oft geringe Mengen verschiedener Produkte über. Ich habe ein kleines Menü zusammengestellt mit Rezepten, in denen sich verschiedene Reste ideal verarbeiten lassen. Sozusagen als kulinarischer Schlusspunkt einer schönen Seereise.

Als Vorspeise gibt es Arancini, gefolgt von Pizza (S. 190) und Creme-Eis (S. 192).

Zubereitung

Reis mit Safran in der Gemüsefond mit leichtem Biss kochen. Zugedeckt gut ausquellen lassen. Mit zerlassener Butter, Ei und geriebenem Pecorino zu einem Teig vermischen. In den Händen etwas flach drücken, in der Mitte mit Füllung nach Wunsch belegen. Den Teig gleichmäßig um die Füllung drücken, sodass Kugeln entstehen. In gequirltem Ei und Bröseln panieren, in Pflanzenöl frittieren und heiß servieren.

Es gibt Arancini in gefühlt tausenden Varianten. Der Kick ist, dass die Füllung recht saftig sein darf und aus dem gebackenen Reis quillt. Ich habe Scampi geschält, mit Frischkäse und frischen Kräutern vermengt und leicht abgeschmeckt. Dazu passt Curry-Mayonnaise aus 1 Teil Mayonnaise, 1 Teil griechischem Jogurt, etwas Knoblauch und Curry.

Eine perfekte Möglichkeit, auszuprobieren, wie die Lieblingspizza belegt sein soll!

Pizza

8 KLEINE PIZZEN

ZUTATEN

Für den Teig:

1 Würfel frische Hefe oder 2 Pkg. Trockenhefe

500 g feines Weizenmehl (oft wird Pizzamehl speziell ausgezeichnet) plus Mehl zum Arbeiten

½ TL Zucker

300 ml lauwarmes Wasser

1 TL Salz

30 ml Olivenöl

Für den Belag:

Tomatensauce, falls vorhanden

Alles, was der Kühlschrank zu bieten hat, z.B.

Salami, Chorizo, Schinken, Parmaschinken (auf die fertigen Pizzen legen, nicht mitba-
cken), Zucchini, Tomaten, Pilze, Paprika, Spinat, Artischocken etc.

Mozzarella, Blauschimmelkäse, Feta, Bergkäse, frischer Ziegenkäse

Pinienkerne, Chili, auch Obst kann gut passen

Zubereitung
Mit frischer Hefe:

Hefe in eine Schüssel bröseln, Zucker, etwas Mehl und lauwarmes Wasser zu einem glatten Teig rühren. 30 Minuten stehen lassen. Mit den restlichen Zutaten verkneten und wieder mindestens 30 Minuten gehen lassen, bis der Teig sein Volumen deutlich vergrößert hat. Nochmals kneten, dabei immer wieder übereinander falten und andrücken. 1–2 Tage im Kühlschrank ruhen lassen, dann wird der Teig beim Backen noch krosser.

Mit Trockenhefe:

Mehl mit der Trockenhefe gut vermischen (das ist sehr wichtig!). Alle restlichen Zutaten beigeben, verkneten und dann weiter wie beim Teig mit frischer Hefe beschrieben.

Pizza backen:

Teig glatt kneten, in 8 Stücke zerteilen und diese zu Kugeln drehen. Mit Mehl bestäuben und mit einem Tuch abdecken.
Belag vorbereiten. Die Kugeln mit den Fingern auseinanderdrücken, wenden und unter leichtem Drehen von der Mitte her auseinanderziehen.
Pizza mit Tomatensauce bestreichen, belegen und möglichst heiß backen, bis der Teig die gewünschte Bräunung hat (Ofen voll aufdrehen und mindestens 20 Minuten vorheizen).

Mango-Creme-Eis mit Batida de Coco

Statt Mango lässt sich jedes Frucht- oder Beerenpüree verwenden.

8 KLEINE GLÄSER

ZUTATEN
100 g Zucker
50 ml Wasser
Fruchtfleisch von einer halben Mango
(ca. 150 g)
40 ml Batida de Coco
300 g Sahne

Zubereitung

Zucker mit Wasser zu einem klaren Sirup kochen. Mango und Zuckersirup (Läuterzucker) sowie Batida de Coco mixen. Sahne schlagen und vorsichtig mit der Mangomasse vermischen. In Gläser füllen und 2–3 Stunden tiefkühlen.

Dazu ein eiskaltes Glas Batida und der Abschied vom Schiff wird noch schmerzlicher, aber um eine schöne Erinnerung reicher …

Blick hinter die Kulissen

ieses Buch ist die gelebte Verbindung zweier Leidenschaften: Wasser und Küche. Das Leben am und auf dem Wasser war für mich stets so prägend, dass ich bei jeder Gelegenheit seine Nähe suche. Ob die Weite des Meeres oder die Verträumtheit eines Bergsees, beides erdet und inspiriert mich gleichermaßen. Ich bin gerne allein, hänge meinen Gedanken nach. Aber ich brauche auch Menschen, ihre Reaktionen, ihre Ideen, gute Gespräche und vor allem ein gemeinsames Ziel. Das erzeugt Nähe. Nähe, die nur dann bedrohlich ist, wenn sie zur Enge wird. Diese Gefahr besteht auf einem Schiff rasch. Ein Grund mehr, warum dieses Buch für mich eine Herzensangelegenheit ist: Sorgfältig mit Raum und Ressourcen jeglicher Art umzugehen, anderen Menschen aus meiner gelebten Erfahrung heraus Tipps und „Werkzeuge" dafür zu liefern – das ist mir ein ganz großes Anliegen.

Als Profi ist es eine Selbstverständlichkeit, immer weiterzudenken. Was kann ich aus diesen Zutaten noch machen, wie gehe ich mit wertvollen Grundstoffen um, die mitunter scheinbar zufällig oder beiläufig entstehen, was lässt sich noch besser machen ... es ist wie eine Schachpartie. Jeder sorgfältig überlegte Zug verschafft einen Vorteil. Manchmal ist er kaum ersichtlich. Aber wenn ich Paella (S. 140) mit einem Muschelfond aufgieße, der vom Vortag übriggeblieben ist, dann wird der Vorteil zur Geschmacks-Explosion. Mit dem gleichen Fond kann ich auch eine geniale Muschelsuppe (S. 97) zubereiten. So kommt das Eine zum Anderen. Das ist für mich pure Lebensfreude!

Was mir auch ganz wichtig ist: Authentizität. So war mir klar, dass ich für dieses Buch meine Erfahrungen tatsächlich auf einem Schiff überprüfen wollte. Dass mein Schwager Thomas eine Weltumsegelung plant, für die er ein Schiff

kaufen konnte, das im Frühjahr 2021 im italienischen Nettuno frisch überholt für eine erste Probefahrt zur Verfügung stand, bot die perfekte Gelegenheit.

Ein Törn zu den Pontinischen Inseln

Die Pontinischen Inseln sind eine Inselgruppe im Tyrrhenischen Meer. Sie gehört zur Provinz Latina der italienischen Region Latium und besteht aus den sechs Inseln Ponza, Gavi, Palmarola und Zannone im Westen, die die Gemeinde Ponza bilden, sowie Ventotene und Santo Stefano im Osten. Geografisch sind sie ungefähr gleich weit von Palermo und Olbia entfernt, knappe 200 Seemeilen. Zu den römischen Häfen (Anzio, Ostia, Nettuno) bzw. Neapel sind es rund 60 Seemeilen.

Wir starteten unseren Trip in Nettuno. Während Thomas die letzten Arbeiten am Schiff überwachte, machte ich mich auf den Weg zu den herrlichen Geschäften im Ort und kaufte frischen Fisch in Anzio. So ließ der erste kulinarische Höhepunkt nicht lange auf sich warten: roh marinierte Gamberetti vom Fischmarkt – superfresh! Auch wenn mein Italienisch dank meiner Zeit in Harrys Bar noch gut funktioniert, ist es angenehm, wenn jemand gut Deutsch spricht. Somit war unmissverständlich klar: Die Qualität der Gamberetti ist so großartig, dass man sie einfach ganz in den Mund stecken kann. Und tatsächlich, der leichte Crunch der Schale machte sie noch genialer. Sie ließen sich aber auch leicht schälen. Den Crewmitgliedern war das dann doch angenehmer. Einig waren wir uns alle: Der feine nussige Geschmack ist unübertroffen.

Genossen haben wir auch die unglaubliche landschaftliche Schönheit der Pontinischen Inseln, vor allem in Ponza. Ponza hat einige Buchten, die von den Römern mit Tunneln erschlossen wurden, heute aber vielfach nur noch von der Seeseite erreicht werden können. Sie boten uns beste Voraussetzungen für traumhafte Badeerlebnisse.

Es ist fast etwas unheimlich, wenn einem bewusst wird, dass sich ganz in der Nähe eine der tiefsten Stellen des Mittelmeeres mit mehr als 3.000 m Tiefe befindet.

Im Hafen angekommen: Letzte Arbeiten am Schiff und dann wird aufgekocht in der Kombüse!

Mit weggerollter Genua und geborgenem Groß fahren wir in die Abendsonne, kurz vor dem Einlaufen in den Hafen von Ponza.

V30121

Es wurde ein langer Tag auf See. Schließlich haben wir wohl wissend um den Zeitverlust einiges an „Höhe" verschenkt, weil wir neben der großen Genua den Code Zero und auch den Spi ausprobieren mussten. Ein Wahnsinn, dieses Dahingleiten wie von Zauberhand! Als dann gegen Abend der Wind einschlief, holten wir unter Motor noch einiges auf und kamen gerade rechtzeitig, um den Hafen von Ponza am frühen Abend in voller Schönheit zu erleben.

Eines war klar: Alle hatten derart Appetit, dass ausgefeilte Gourmethappen zu einer kulinarischen Meuterei geführt hätten. Ich war darauf vorbereitet. Bei meinem Einkaufstripp hatte ich frische Salsicce gesehen und zugeschlagen. Ich drückte das Brät aus dem Darm, briet es mit Zwiebeln und Knoblauch kurz an, dazu kamen gewürfelte Tomaten, Kräuter und Oliven. Fertig war die beste schnelle „Bolognese" der Welt – perfekt zu Penne oder Rigatoni.

In Nettuno beim Gemüsehändler hatte ich auch den frischen Zicchorienblättern nicht widerstehen können. Kurz blanchiert ergaben sie mit ihren zartbitteren Aromen eine herrliche Kombination zur deftigen Salsicce-Pasta.

Mit einem Glas Wein ließen wir den Abend im Hafen von Ponza ausklingen.

RE-ZEPT-REGIS-TER

T

W

Z

ÜBER DEN AUTOR

Der passionierte Segler Heino Huber ist in der nationalen und internationalen Kochszene schon viele Jahre bekannt – unter anderem durch seine Auszeichnungen als Koch des Jahres (Gault&Millau) oder Trophée Gourmet (À la Carte für die kreativste Küche Österreichs).

Er absolvierte seine Lehrjahre bei Kochlegenden wie Faugeron, Witzigmann, Cipriani und nicht zuletzt bei seinem Vater, Ernst Huber, der 1983 selbst zum Koch des Jahres gekürt wurde. 1989 eröffnete Heino Huber das Gourmethotel Deuring Schlössle mit dem gleichnamigen Spitzen-Restaurant.

Heute ist er für die Gastronomie der Bodensee-Schifffahrt verantwortlich. Auf dem Schaufelraddampfer Hohentwiel (1913 in Dienst gestellt) und dem Motorschiff Österreich (1928 in Dienst gestellt) verbindet er in einzigartiger Weise gehobene Kulinarik mit der magischen Welt historischer Schiffe.

IM-PRES-SUM

Bibliografische Information der Deutschen Nationalbibliothek

Die Deutsche Nationalbibliothek verzeichnet diese Publikation in der Deutschen Nationalbibliografie; detaillierte bibliografische Daten sind im Internet über http://dnb.d-nb.de abrufbar.

Herausgeber: Ponte Wien
Idee, Konzept, Rezepte und Texte: Heino Huber
Lektorat: Else Rieger
Rezeptbilder Stefan Mayer, Fotostudio Mayer mit Hut
Reportagebilder: Ingo Folie
Grafik-Design und Illustrationen: Gabi Damm, Lekton
Projektmanagement: ikp Wien

Weitere Bildnachweise:
Adobe Stock (Cover, 5), Shutterstock (4, 19), The Noun Project (14, 15, 16, 17, 102, 103, CC BY-NC-ND 2.0), Eugene Zhyvchik/Unsplash (100)

Druck: gugler* print, 3390 Melk/Donau, Auf der Schön 2, Austria

ISBN 978-3-7083-1376-4

NWV Verlag GmbH

Seidengasse 9/2.4, 1070 Wien, Österreich

Telefon: +43 1 796 35 62-24

Fax: +43 1 796 35 62-25

E-Mail: office@nwv.at

Internet: www.nwv.at